五十堂國寶級美學課

日本藝術史權威

高階秀爾帶你遨遊東洋美術世界

日本人にとって美しさとは何か

高階秀爾 著　　鄭夙恩 譯

譯者序

從東西方的對照比較，看見日本人獨特的審美意識

鄭夙恩

從書名來看，不難想像這是一本拋出快速直球，兼具易讀性、趣味性與知識性的書籍。美術史出身的高階秀爾教授身兼美術館館長，以他豐厚的知識學養，以及犀利的洞察分析，將日本的美術、建築、文學、工藝、音樂、漫畫、歷史、社會等議題信手捻來，一方面建構出清晰的體系架構，另一方面以淺顯易懂的對照，來進行東西方的文化比較。

書中集結了演講、論文（國際研討會、美術期刊、展覽圖錄）與隨筆（報章雜誌）三種形式。無論是對日本保有廣泛好奇心的讀者，或者是對於美術、文化

有所涉獵、鑽研的讀者，相信都能各取所需，在書中找尋到興味盎然、回味無窮的篇章。以下針對讀者可能引發共鳴的部分，簡短作一些導讀與介紹。

在第I章〈文字表現與視覺意象〉當中，提及西方以不同的用具來進行文字與繪畫的創作，因此是壁壘分明的兩個獨立領域。反觀日本或是中國，自古以來文字與繪畫單憑一隻筆便能優游自在地表現，完全沒有藩籬或界線。例如與謝蕪村的書信、葛飾北齋的浮世繪版畫作品都使用了繪文字；時至現代，無論東西方，社交軟體的使用者也經常運用表情符號等文字繪，這些都是屬於日本特有、將文字與繪畫合而為一的匠心巧思。

至於日本的漫畫，除了引人入勝的鮮明圖像外，經常會出現許多以平假名或是片假名來表現的擬聲詞或擬態詞。由於近年日本動漫當道，大量輸出國際，因此遇到一些棘手的翻譯問題。最極端的一個例子，是石乃森章太郎的作品《龍神沼》的一個分格畫面「シーン」（寂靜無聲貌）的表現。由於多數國家採用表音文字系統，所以無聲的字彙無法成立，也難以翻譯。這或許可以解讀為日本人特有的身體感覺，會將無聲的東西逆向操作，表現出聲音。而歌舞伎也會使用太鼓

表現各種情境，戰爭場面激烈的「ドドーン」（咚咚）聲，白雪紛飛的輕緩「トン、トン、トン」（嗵、嗵、嗵）聲，讓觀賞者從中感受情境、氛圍，這是日本人特有的感覺系統，外國相當罕見。

第Ⅱ章〈日本的美與西洋的美〉，說明西方的繪畫傳統以一點透視圖法為前提，著重遠近法與明暗法的表現；相對地，日本則偏向於多重視點的組合，把不同暨最佳視角所眺望的對象物體，適切地並置於畫面中，例如描繪京都城市景觀與歲時節令的〈洛中洛外圖〉，或是高橋由一的近代和製油畫〈豆腐〉等。這些日本與西歐在表現樣式的歧異，或許可以解釋成兩者對於藝術所蘊含的哲學思維上的差異。西歐藝術將主體的畫家視為絕對，所有人事物都統御在主體的單一視點下。日本的傳統則是尊重客體（被描繪的人事物），採用針對個別對象最適合的視點進行觀察與描寫。前者可說是絕對價值的西歐一元思想，而後者則是允許矛盾與包容的日本多元文化思想。

第Ⅲ章〈日本人的審美意識從何而來〉，網羅了許多有趣的議題與犀利觀察。〈餘白的美學〉以千利休夙負盛名的牽牛花軼事為開場，說明千利休大膽摘除了滿園的牽牛花，僅留下一朵最美的牽牛花女王，優雅綻放於茶室的壁龕中，讓原本怒氣沖沖，以為被惡擺一道的豐臣秀吉瞬間融化，心滿意足地喝完早茶愉悅回程。捨棄所有干擾、多餘的東西，營造出淨空、遼闊的空間感，正是日本餘白之美的精髓所在。最具代表性的範例，是尾形光琳的名作〈燕子花圖屏風〉，金色燦然的背景烘托出燕子花的華麗妍美，同時隱藏了不要之物。日本的金色屏風時至今日仍多用於婚宴或是祝賀類型的場合，而且清一色都是素面的金色屏風，沒有任何圖像的裝飾，這是其他國家、民族罕見的特例。

在〈實體之美與情境之美〉文中，論及西方習慣以實體物來捕捉美的思維，只要依循美的原理原則（例如左右對稱、黃金比例）創造作品，便能成為表現出美的傑作。相對地，日本人自古便偏好思考什麼情境下孕生出美，這是相對於「實體之美」的「情境之美」，例如經典俳句「古池飛蛙水之音」，便是以五感來體驗、鋪陳美的狀況與情境。另外，如果觀察日本的觀光明信片，舉凡櫻花滿開的清水寺、白雪覆蓋的金閣寺，壓倒性地多為妝點著季節風情的建造物，這或許也是深愛「情境之美」的日本人，所顯露出來的審美意識。

在〈機器人與日本文化〉中，談到一九七〇年代的義大利將機器人導入生產線，引發人們心理上的抵抗與嫌惡。而日本因為長年將器具、機械視為人類友好夥伴，保有萬物有靈論的世界觀，因此能幸福地交互融合，建構出當代日本機器人的美麗新世界。

最後一篇〈作為世界文化遺產的富士山〉，說明富士山不僅是「信仰的對象」，同時也是「藝術的泉源」，衍生出許多膾炙人口的文學、藝術作品。她是日本人、外國人魂牽夢縈的聖山，而豐厚多元的跨海創作，讓富士山不只是自然瑰寶，更成為舉足珍貴的文化遺產，值得全世界共榮共享，永續珍惜。

這是一本議題豐富，具備廣度與深度的書籍，以龐大的資料分析與對比，進行日本美學與文化的再考證與再發現。對於日本讀者來說，許多人從中產生瞠目結舌的驚奇感，也有不少讀者孕生出恍然大悟的暢快感。衷心期盼藉由這本翻譯書，帶給我們華人重新認識日本美學文化的契機，一方面清晰看見日本的他文化，另一方面，也同步映照出我們的自文化。如果能從自身與彼此的真誠理解、對等尊重出發，相信能邁向更理想、更融合的跨文化新世界。

目次 CONTENTS

前言

這是在與來自法國的友人一同搭乘新幹線前往京都途中所發生的小插曲。當天天氣相對晴朗，但富士山周圍被厚實的雲霧籠罩，完全看不見富士山的樣貌。首度訪日的友人半開玩笑地說，搞不好富士山其實不存在於任何地方。我瞬間不假思索回覆：「不！她（富士山）可是非常善變、難以捉摸的。」此時法國友人的反應非常有趣，他似乎驚訝萬分地反問我：「富士山是女性嗎？」聽他這麼一說才讓我首次意識到，法文中的富士山（Mont Fuji）與白朗峰（Mont Blanc）、聖米歇爾山（Mont Saint-Michel），同樣都屬於陽性名詞。當我以法文交談時，也會自然而然地以男性形態（Mont Fuji）稱呼富士山，然而在潛意識裡，富士山卻總是以優美的女性形象浮現於腦海。

富士山如此根深柢固的形象，或許與種種聯想有關。例如以富士信仰為核心所興建的淺間神社，最初便是以富士山（山神＝女神）為祭祀對象，後來演變為祭祀木花開耶姬，時至今日仍持續舉行祭禮；此外像是竹取公主的故事、天女羽衣傳說等，在在都加強並深化了富士山的女性形象。現存為數眾多的富士山繪畫作品中，描繪天女優美舞姿的範例不勝枚舉。

然而，歐洲的情況有所不同。在西歐世界裡，自古希臘以來，「山神」便與雷神、風神、河神同樣被賦予了男性形象，在繪畫作品中也純然以男性之姿加以表現。我稱呼富士山為「她」之所以讓法國友人深感驚訝，恐怕與這般文化背景有關。

人無法直接看到自己的容顏，而是透過鏡中的映射，才能捕捉到自身的形象與特徵。鏡中所映照出的形貌除了是對自我的認知，也反映了來自外部、以他人的視角所觀察到的容顏。同理，美術（建築、繪畫、工藝）或是文學（物語、詩歌、戲曲）等藝術表現如果能接納來自異文化（例如西歐文化）的視點，並透過相互的對照比較，或許更能清晰明確地掌握到自身文化的特質。

本書所集結的各式文章，便是以類似複眼的多元觀點所構築而成的日本文化論。

I

文字表現與視覺意象——日本人的審美意識

文字表現與視覺意象——日本人的審美意識

首先來談談「文字表現與視覺意象——日本人的審美意識」這個主題。

由於文字表現與視覺意象說起來非常廣泛，今天將特別闡述對日本人而言別具意義的和歌，以及包括繪畫、工藝在內的美術作品。

和歌以文字的形式留存，美術則以繪畫等形式傳世。雖然形式上分別是文字與圖像，使得和歌與繪畫看似獨立而不相干，但其實兩者存在著共通的、屬於日本人獨特表現的審美意識，且若是與西洋相比，會發現極大的差異。對我們日本人來說，這或許可以解讀成一種重要的傳統，抑或是與我們的行為模式息息相關，因此我稱之為「審美意識」。

文字與圖像，原本是各自獨立的相異之物。特別在西方，文字的世界與圖像的世界被認為是截然不同的；但日本卻在很早以前，就已經將兩者連結在一起。

日本的兒童之間有一種叫作「文字繪」的遊戲，今日也依然可見，比方說「へのへのもへじ」[1]便是一例。這種傳承自江戶時代的遊戲，簡單來說就是使用平假名畫出人臉，可見文字繪的傳統十分悠久。

相反地，也有所謂的「繪文字」，近來年輕人經常使用。我自己是不太這麼做，但我的孫子孫女在和朋友互通簡訊、使用社交軟體聊天時，最後都會加上笑臉等各式各樣的繪文字；說再見時會選用燦笑的臉，憤怒時會放上生氣的臉。現在的手機通訊軟體有著大量的繪文字，光是表達怒氣就有各種不同的樣態，像是極度憤怒、有點生氣等等，讓人們在使用手機進行文字通訊時，可以從堆積如山的繪文字中選用。我曾經問過孫子孫女：「到底有多少繪文字呢？」他們回答：「大概有三百多種。」最近聽說又增加了不少。這大概是國外不太容易見到的現象吧！

當然，也有比較單純的形式。如果前往巴黎、紐約，有時候會看到一些年輕人穿著「I♡NY」的T恤，這個心型便是繪文字，唸為love。類似的例子隨處可見，而年輕世代更是習以為常地頻繁使用。

其實這種傳統從很早以前便存在了。究竟它是以什麼形式作為藝術作品留存至今，正是今天要討論的主題。

《古今和歌集》序文中所反映的日本人審美意識

首先一起來看《古今和歌集》序文初始的一個段落：

大和之歌乃是以人的心思、情感為素材，衍生出各式各樣的文字表現。人生在世，會面臨很多人事物，也會孕生出許多行動與作為，因而將這些心中所想、眼中所見、耳中所聞的事物，寄予文字來抒發、表現。在梅花綻放的枝頭鳴叫的樹鶯、棲息於水面低鳴的青蛙，所有這些存在於大自然的有生之物，無一不能成為歌詠的素材。所謂和歌，無須動用蠻力便能撼動天地，感化不可視的鬼怪神靈，使男女情誼更加親密，亦能撫平充滿肅殺之氣的武士之心。

《古今和歌集》以序文作為開頭，為十世紀時由紀貫之所撰寫，一篇為假名序，另一篇為漢字的真名序，而這裡所引用的假名序可以說是將日本人的審美意識明確而清晰地加以揭示的最初範例。這不僅是和歌的序文，同時也是日本人美學的展現。序文中所提到的「大和之歌」當然指的就是和歌；日本的和歌，以人心為種子孕育靈感，成就各式各樣的文學表現。

「人生在世，會面臨很多人事物，也會孕生出許多行動與作為，因而將這些心中所想、眼中所見、耳中所聞的事物，寄予文字來抒發、表現。」的確，時至今日日本人依舊會把心中所感，藉由五・七・五・七・七的短歌，或是五・七・五的俳句等形式加以發揮；而「在梅花綻放的枝頭鳴叫的樹鶯、棲息於水面低鳴的青蛙，所有這些存在於大自然的有生之物，無一不能成為歌詠的素材」，言下之意便是指不論是誰都能隨興吟詠和歌。

接下來的「所謂和歌，無須動用蠻力便能撼動天地，感化不可視的鬼怪神靈，使男女情誼更加親密，亦能撫平充滿肅殺之氣的武士之心」，則說明了和歌的效用。雖然這對我們日本人而言再尋常不過，但據說歐洲人卻會對此感到震驚。日本學權威唐納德·基恩（Donald Lawrence Keene）[2]在《日本文學史》（中公文庫）及其他著作中，曾提及日本與西洋在思想上的差異性。基恩先生是將日本文學介紹給歐美的偉大學者，據說他對年輕時閱讀過的《古今和歌集》序文留下了非常強烈的印象。

從我自身的經驗來看，這當中會讓西洋人感到震驚的有兩處。第一，是「所有這些存在於大自然的有生之物，無一不能成為歌詠的素材」，也就是任誰都能吟詠和歌。就算到了現在，日本人還是人人都能創作和歌，但對於身處英美體系的人而言，詩人卻是特別的族群；他們深受上蒼眷顧，有源源不絕的創作靈感，擁有不同於一般人的特殊才華。相較之下在日本，任何人都可以是歌人。事實上，日本早從萬葉的時代[3]開始，就存在著如派駐邊境的士兵所吟詠的「防人之歌」等，由平凡無奇的市井小民所創作的和歌。

其實，這件事直到今天還是會讓許多外國朋友相當驚訝。他們一開始都不太相信日本人不論誰都能創作和歌，於是我便翻開報紙請他們看看，可以發現無論哪一間報社，每天都會有「歌壇·俳壇」的專欄，從一般讀者的投稿中選出作品刊載。如今仍有許多人創作和歌、俳句加以投稿，且這些作品每天都來自全國各地，可以想見有數以千計的一般民眾在創作和歌。由於外國人一般是不會寫詩的，但這種情況卻實際發生在日本，因此讓他們大感吃驚。

另一個更讓他們驚訝的，便是「無須動用蠻力便能撼動天地」。我們知道地球會自轉也會公轉，但是在過往，一般都認為轉動的不是地球，而是太陽、月亮；此外，降雨或是雷鳴，也是人類所不能及的力量。於是，人們開始思考這些現象的成因。從很早以前的古希臘時代開始，西方世界便想像出主宰這一切的神明，基督教世界形成後，則認為是由最偉大的神——上帝，在驅使世界運轉。文藝復興三傑之一的拉斐爾（Raffaello Sanzio）就曾在畫中描繪包括地球在內的所有天體，都是由上帝所主宰、驅動的。只要前往羅馬的梵蒂岡宮殿，便可以看到這幅天井畫作。簡言之，西方人認為「驅動天地的，是超越人類能及的特別力量」。然而，日本人竟然說「無須動用蠻力便能撼動天地」，這麼荒謬奇特的事情，讓基恩先生驚訝不已。

另一個廣為人知的例子，是我們小時候也經常聽聞的有關小野小町[4]所撰寫的祈雨和歌的傳說。儘管真相為何並不清楚，但據說只要小野小町吟詠這首和歌，便能喚來甘霖。與此相反，在三代將軍源實朝[5]的歌集當中，則是留下了為降雨過多所苦而創作的和歌，吟詠著：「恩賜的雨水，時而過度導致人民哀嘆。八大龍王啊！懇請讓雨勢停歇。」結果據說就真的停止下雨了。換句話說，吟詠和歌能使雨停歇，天地為之所動；那些超越人類所能、擁有不可思議力量的「不可視的鬼怪神靈」，也會因為和歌而動容。基恩先生表示，這些日本人從以前便習以為常、見怪不怪的事情，正是讓西方人感受到極大差異之處。

接下來這句「使男女情誼更加親密」更無須多說，畢竟從古至今傳承下來的和歌多為愛戀之歌。就連馳騁戰場的「武士」也會吟詠和歌，且有不少作品流傳後世。不僅將軍會創作和歌，武士在生命的盡頭吟詠辭世之歌，亦成為一種理所當然的傳統。

紀貫之在序文開頭留下了上述這些文字。其中更重要的，是他特別強調「和歌」這個字眼。想當然耳，這無疑是「和歌，即日本的詩歌就是如此」的強力宣言，因為當時一般的詩歌意指「唐歌」，也就是漢文的詩歌。與「唐歌」遙相對應，《古今和歌集》是蒐集日本和歌的著作，在某種意義上，也是一種美學的獨立宣言。

勅撰和歌集的意義

《古今和歌集》的重要意義，在於它是最早的勅撰和歌集，這是日本人眾所皆知的事實。所謂的勅撰，指的是遵奉天皇命令所編纂的歌集。《古今和歌集》以紀貫之為首，內容約莫由六個人加以選定、編纂，相當於由天皇下令委任的國家出版事業。

關於勅撰和歌集，爾後也如同雨後春筍般製作了許多不同的版本。例如藤原通俊奉白河天皇之命編纂的《後拾遺和歌集》，或是由白河院授命委任藤原俊成編製的《千載和歌集》，以及恰好在三百年後誕生的《新古今和歌集》等等。而在眾多版本當中，又以《古今和歌集》最先問世，因此也是最早的勅撰和歌集。

奉醍醐天皇之命編纂的《古今和歌集》付梓於西曆九〇五年，也就是十世紀初。這是比紫式部的《源氏物語》稍早的年代，是距今一千一百多年前作為國家事業所蒐集、編纂而成的歌集。說起「敕撰」，當然早有先例，過去歷代天皇都有不少文化面向的功績。《古今和歌集》完成於十世紀初，而在約莫一個世紀前嵯峨天皇與淳和天皇的時代，就曾下達諭令編纂三本敕撰集，包含《經國集》在內，全都採用了漢詩的形式。在此之前，以漢詩形式編輯的敕撰集、敕撰詩集，亦是不在少數。

之所以為漢詩，是因為奈良時代甚至更早以前，便以漢文作為正規文書體制，無論是律令制的法典、公文或書信，所有官方正式文書一律採用漢文。當時從事官職的公務人員，全都必須熟練地使用漢文才行。這種體制或許從卑彌呼[6]的時代就開始了，甚至有可能更早。就連小學教科書也會提及，被指定為日本國寶第一號、藏於福岡博物館的金印，據說便是在後漢時代由中國皇帝授予日本，上頭刻有「漢倭奴國王」的字樣。

從這個邏輯來看，當時的東亞無疑是以中國文明為中心，周邊則有一個被稱為倭國的小國。既然中國授予日本金印，顯然兩者之間存在外交關係，畢竟如果沒有文書、信件往來，就不可能被授予金印。換言之，如同《魏志倭人傳》所提到，如果卑彌呼與曹魏彼此存在邦交關係，肯定會有許多文書上的交流，亦可以合理推論是以漢文書寫。雖然說一般認為中國文字是在五、六世紀傳入日本，但理應在更早的時間點漢文便開始通用，否則與中國的外交關係應該不可能那麼早就成立。

因此，當時的日本勢必需要漢文。所有的政府官員都必須懂漢文，甚至加以活用，派出學者、遣唐使等人前往中國進行交流，例如菅原道真[7]就留下了許多優秀、膾炙人口的漢詩作品。網羅菅原道真漢詩作品的敕撰集不在少數，這些都是日本人所創作的漢詩。

與此同時，菅原道真也創作和歌。首度由官方推動編纂敕撰和歌集也正好是在這個時候。從這時起，日本開始意識到在漢詩以外，也存在著名為和歌的傳統，於是投入國家之力進行和歌集的收編，日本美學的宣言書就此成形，可謂意義重大。也因為如此，紀貫之才特意在序文開頭，提及「大和之歌」一詞。

事實上，和歌可以追溯到遠古時代。根據《古事記》，最早吟詠和歌的是須佐之男命[8]。他所創作的和歌如下：「層層堆疊的雲，在出雲湧現有如八重垣一般的雲。我在與妻同住的宮殿興建重重包圍的八重垣。是的，層層疊疊的八重垣。」儘管須佐之男命的傳說缺乏事實根據，但萬葉的時代確實已有和歌作品流傳至今，因此可以推斷和歌至少在七、八世紀就已經出現。

日前適逢靜岡縣進行《富士山百人一首》的編輯作業，相關工作人員讓我提前先一飽眼福，翻閱起來趣味性十足。從柿本人麻呂、山部赤人到俵萬智，當中集結了眾多知名歌人吟詠富士山主題的和歌。以柿本人麻呂的年代來說約莫是七世紀，代表這首和歌流傳了一千三百年以上，想必這又是一個值得矚目的問題。至於山部赤人知名的和歌「行至田子之浦[9]，遙望彷若披上白衣的富士山，山巔紛紛降下靄靄白雪」，就算是現在的小學生也能輕易理解，可見文字表現的傳統，如今仍一脈相承。

在現代無論是法國人、英國人還是德國人，幾乎都無法理解八世紀的語言。英文或法文裡有許多秀逸的詩歌，但這些詩歌大約都是在中世紀末期，或是文藝復興時期才登場。在這之前，歐洲主要延續的是希臘、拉丁文學的傳統。無庸置疑，古希臘當然有非常美好的詩歌，古羅馬時代也有許多拉丁文的詩，但這些傳統卻早已中斷、消失。當今的歐洲人普遍無法閱讀拉丁文的詩歌，更何況作為一般語言的拉丁文，除卻少數的特殊情況，也幾乎不再使用。因此，例如現代人能夠讀懂的英文詩歌，幾乎都是十四到十五世紀以降的作品。但丁的《神曲》完成於十四世紀，且正如大家所知，是以托斯卡納文所書寫的。托斯卡納文其實就是今天的義大利文，換句話說，《神曲》是使用義大利文撰寫的；然而，但丁也會以拉丁文寫詩——倒不如說當時以拉丁文創作還更為普遍。易言之，一直要到十四世紀，作為「通俗語言」的義大利文詩歌才正式登場；而但丁便是以此寫下了如此耐人尋味的詩作。

相較之下，日本遠在數百年前，便有山部赤人吟詠「富士山的山巔」，且如今依然意思相通；七、八世紀的詩歌，以當今人們熟悉的語言被傳唱。若是瀏覽歐洲文學史，會出現不少中世紀法文、中世紀英語，但現代人已無法閱讀，只有特殊專長的學者才看得懂；此外，各種留存下來的詩歌只有零星的片段，重點是語言文字截然不同，無法相通。相較之下在日本，至少從《古事記》的古老年代便繼承了相同的語言傳統，這是世界上絕無僅有的例子。我並不是在強調日本人特別優秀，畢竟這是無從比較的東西，而是想表達我們擁有世界罕見的和歌傳統。

最初將之集結成冊的《古今和歌集》，其編排方式更是獨樹一格。歐洲人會將眾多創作者的詩歌編成選集（anthology），這種形式在各國都十分普遍，而且早從古希臘時代就已經存在。這些詩集（日本稱為「詞華集」）即使到現代，基本上都是根據作者名進行編排。舉例來說，「*The Golden Treasury*」是我們學生時代經常翻閱的詩集；當中收錄了各種英語的優美詩歌，有華茲華斯[10]、拜倫、也有丁尼生[11]的詩，皆是以作者名加以分類。然而，日本的詞華集例如《古今和歌集》、《萬葉集》，編輯的方式卻不盡相同。

《古今和歌集》因為是勅撰集，所以訂定了一些基本規則。關於分類編排的方式，則是依照季節的次序，分為春之部、夏之部、秋之部、冬之部。卷首為新年之歌，接下來有夏之歌、秋之歌等，也就是說，四季的流變是非常重要的；其次又分為各種主題，像是祝賀之歌、戀愛之歌、旅行之歌等。除此之外，還有所謂的「雜之歌」，會依據內容進行分類。因此，同一位作者的作品會在不同部門、不同分類中出現。例如若是想要欣賞紀貫之的詩歌，以英文的詞華集來說只要找到該作者的分類便可以全數掌握，但《古今和歌集》裡同一人的作品卻會散落在不同的分項中，分類體系是截然不同的。大自然在此具有相當重要的意義，爾後的勅撰和歌集也全部依循此準則。就編排的理念上而言，與其說是作者本意，毋寧說與自然環環相扣。這樣的趨勢，從《古今和歌集》便可以看出端倪。

不妨來看一個祝賀之歌的例子。「春天降臨，率先綻放的梅花，彷彿是慶賀您千歲之喜的裝飾。」這是紀貫之的和歌，他在這首和歌的前言寫道：「慶賀本康親王七十大壽，於主人後方的屏風寫下吟詠的詩歌。」如同現今人們仍然會祝賀還曆[12]之年，過去則是從四十、五十歲便開始慶祝，凡是有值得歡慶之事，都會舉辦慶祝會，並吟詠祝賀之歌。《古今和歌集》當中就收錄了不少類似的慶賀之歌。

這首祝賀之歌的前言提到，在慶祝的盛大場合，「於主人後方的屏風寫下吟詠的詩歌」。也就是說，將當下吟詠的和歌寫在壽星座席後方的屏風之上。這種和歌也稱為「屏風歌」，當時非常盛行。《古今和歌集》及其他的和歌集，都找得到為數甚多的例子，只可惜屏風本身並未流傳下來。這種寫有和歌的屏風稱之為「歌屏風」，照理來說在當時也是數量眾多。通常屏風上都繪有圖畫，由歌人看過畫後即興吟詠和歌，並寫在屏風上。有的是直接在屏風上揮毫，有時候則是先寫在色紙[13]上再貼上去，有各式各樣的做法。於是，文字表現與視覺圖像合而為一，豐富而多層次的交響樂世界就此展開。儘管這些屏風已不復存在，但我們可以從中理解到，和歌與繪畫從很早以前便緊密結合在一起。

圖像與文字的跨越

圖1是出自平安朝末期，被指定為國寶的〈扇面法華經冊子〉。扇子本身有好幾幅，這是其中一件。如各位所見，《法華經》文字被書寫在圖像之上，這種做法在國外幾乎是無法想像的。一般來說如果有圖像的話，在文字撰寫之際便會刻意避開，以求閱讀方便。然而，如該作品所示，作者悠悠自若地在圖像上書寫

圖1 〈扇面法華經冊子〉，12世紀，東京國立博物館藏

文字，而且圖像本身與這些文字似乎沒有必然的關聯。究竟圖文之間有什麼關係呢？根據專業人員研究調查的結果，發現圖像其實類似於風俗畫，文字則是抄寫自經書，兩者並沒有太大的關係。也就是在僅作為裝飾的圖像上書寫文字，把圖像與文字搭在一塊兒而已。

接下來再看到鎌倉時代的佛教作品〈金字寶塔曼荼羅〉（圖2）。佛教寺院的塔是安置神佛舍利子的重要場所，這裡便是把寶塔以曼荼羅的形式繪成圖像，在深藍色的底紙上施以金色的圖文，整體十分華麗。類似這種曼荼羅的例子不少，且個個都很完美地描繪出壯麗的佛塔。這到底是幾重塔呢？仔細端看，最下方的寶塔內，端坐著莊嚴的佛像；無論是屋簷還是建築物，其實都是以文字堆砌而成的，也就是文字繪。就連屋簷下方的風鐸[14]也全是由《法華經》的文字所構成，以文字繪的方式將重要的寶塔做了精實的描繪。

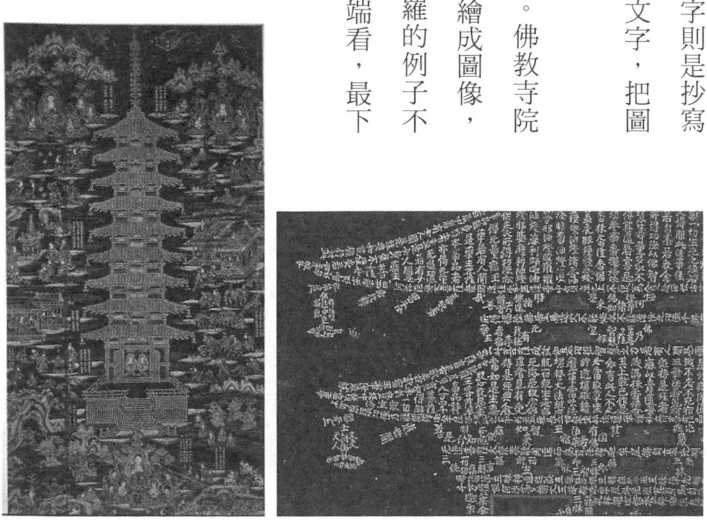

圖2 〈金字寶塔曼荼羅〉，12～13世紀，妙法寺藏。右側為局部放大圖

彎曲、反翹所帶來的造形感受性

若是再說得更深入些，日本的五重塔皆是如此造型，也就是屋簷尾端會突然呈現微微的反翹、彎曲（反り）。這是日本建築極度重要的特徵，不論是醍醐寺還是法隆寺的五重塔，都具有深長的屋簷，且尾端些微上揚（圖3）。我們稱之為反翹，這個樣式在外國鮮少見到。

圖4是日前日本某個展覽所介紹的八世紀的契丹之塔。塔常見於中國、印度，最初的起源則是印度。這個建立於八世紀的契丹七重塔，或許是因應風土氣候，其屋簷顯得淺短；而中國的建築物，屋簷則是大大向外延伸，然後在尾端極致地反翹。相較之下，日本的佛寺多半僅只是些微地反翹彎曲。圖5即為唐招提寺的金堂，位於奈良的佛教寺院幾乎都是這種造型。

觀察日本的建築，屋簷是很重要的元素。由於屋簷又大又深，所以一眼望去就會先看到巨大的屋頂。屋簷的線條以近乎水平延伸，到了尾端左右各自些微地反翹。圖6是圓覺寺的舍利殿，可見即便到了鎌倉時代，佛教建築的造型依然具

圖3 醍醐寺五重塔

圖4 契丹的七重塔

圖5 唐招提寺金堂

圖6 圓覺寺舍利殿

有相同的傾向。屋頂或許建材不同，有的是瓦片、有的是茅草、有的是稻草，但所有的屋簷線條都是水平延伸到尾端微微地反翹。圓覺寺周圍更是樹林環繞，完全融入自然的景致。

其實，軍事建築也是如此。外國的朋友不只喜歡日本的神社寺院，也很偏愛城郭建築。這是軍事建築的一種，也就是要塞的意思。城郭建築的屋簷依然呈現微微反翹，但當中並沒有軍事上的考量。圖7的姬路城便擁有相當優美而吸睛的屋簷造型，因而又得稱「白鷺城」。

屋頂雖然是日本建築的主要元素，但除此之外，石垣的線條也有相同特徵。無論是熊本城由加藤清正築造、有「武者返」[15]之稱的城垣，或者江戶城皆是如此。石垣乃是由石塊堆砌而成，它並非一條直線通透到底，而是區分成幾個不同的弧度，以些微差異的幾組凹折曲線加以組合、打造而成。這與屋簷的微微反翹有異曲同工之妙。

再舉一個〈聖德太子像〉（圖8）的例子。一般也稱之為〈阿佐太子像〉，為白鳳時代所描繪的聖德太子肖像畫。

圖7 姬路城

在這幅作品中，聖德太子於腰間繫有衣帶，並使用飾釦固定。實際上日本的服裝原本並沒有釦環或是鈕扣類的東西，那是自古希臘以來，歐洲因為使用布料披掛、纏繞身體，所以必須使用類似鈕扣的物品加以固定。如今人們也還繼續使用釦環，因此歐洲的服裝可以說是承襲了古希臘的脈絡。但是，日本的和服則完全不使用鈕扣或釦環，時至今日使用的依然是布條或紐繩。儘管現代的和服依舊遵循傳統僅以布料固定，但聖德太子在這幅畫中卻使用了飾釦。釦環應該是從中國傳來的，據說聖德太子在某些方面對於新奇事物非常感興趣。他將佛教經書引進日本，甚至自己撰寫注釋書，除了對研究學問充滿熱忱，顯然也很講究衣裝時尚。

畫中位居中央的太子佩帶著刀劍，屬於直刀。古代的刀劍都是直刀，無論是稻荷山古墳出土的鐵劍，或是百濟以船舶進貢的七支刀，全部都是線條筆直的直刀。然而，畫面左側的人所佩帶的刀劍卻有些微反

圖8〈聖德太子及二王子像〉，8世紀，宮內廳藏

翹，呈現彎曲狀。日本刀從平安時代開始，造型上形成了平緩的曲線。這不僅是後來我們所認知的日本刀的特色，也與屋簷的微微反翹、城郭石垣的凹折曲線是相同原理。

歐洲曲線與日本曲線的差異

其實這個「反翹」很難翻譯成英文。說起曲線，英文的「curve」或其他歐洲語彙都視之為與直線相對之物，兩者各是獨立的概念。西方自羅馬建築以來，舉凡哥德式或是文藝復興建築，都存在著尖拱或是大圓頂等曲線造型，如果要在圖面上描繪，通常必須使用圓規等工具。由於直線與曲線是截然不同的，所以描繪直線必須使用直尺，曲線必須借助圓規，這樣才能成就完美而雄偉的大圓頂。

在日本，木工師傅要施作屋頂的直線線條時，如今依然會利用繃緊的線條輔助，或是要筆直裁切木板時也會採用這種方式。在我還小的時候，木工師傅總是隨身攜帶墨壺[16]。將線繩由一端穿過墨穴染色，於木板上繃緊後彈動，便能瞬間描繪出墨線，再依循墨線裁切。簡單說就是以綳緊的彈線畫出直線。如果讓綳緊的彈線稍微垂墜，就會出現些許鬆弛，屋簷尾端的線條正是這種微微鬆弛的造型。換言之，當綳緊的直線稍微鬆弛，就會順勢化為些許反翹，因此兩者在本質上是相同的。事實上，根據古老民家的現場調查，就曾出現過「從此端到彼端綳緊彈線再鬆開」的報告。這說明了日本的直線與曲線並非相對之物，而是一種整體的自然流變。

因此，如果我們以「curve」這個詞彙來說明「反翹」，很有可能會把對方誤導至完全不同的方向。從日本人的思維來說，這是直線稍微變化後的造型，它們本來是一樣的東西。昔日的神社寺院木工師傅之間就曾盛行過所謂的「撓尺」，這跟線繩一樣是用來測量尺度的工具，通常是以檜木製成的細長木條。由於是木條，所以如果丟置於桌面或地板，就會呈現筆直平坦狀；同時又因為外形細長，若是手持兩端，隨著重力落在中央點，便會自然呈現弓狀的彎曲。據說木工師傅之間還有所謂的獨門祕技，為了追求專屬、獨特的弓狀曲線，在製作用具時都各有祕訣，例如將中間稍微加厚，或是將某個部分加厚多少等等。這便是

「撓尺」，手持兩端中央會彎曲成弓形，若手持一端高舉則會自然形成斜傾的曲線。這與城郭石垣綿延的凹折曲線有著相同道理，直線與曲線在此可說是互為一體。一條線與一塊木板既能形成直線也能畫出曲線——這種認為直線與曲線具有連貫性的傳統不僅由來已久，且在文字與和歌的世界亦然通用。

平假名的造形性

圖9是《古今和歌集》開頭的第一首和歌：「尚未歲末，立春已至。究竟要稱這一年為去年呢？還是謂之為今年？（年の內に春はきにけりひととせをこぞとやいはんことしとやいはん）」這是鼎鼎有名的在原元方的和歌，全文皆以平假名書寫。靠近下方的部分可以看到「ひととせを」幾個字，若是仔細端詳其中的「ひと」（「一」）的書寫方式，「ひ」字最後右上角的筆畫與「と」左上角第一筆的線是連貫的。這究竟算是一個文字還是兩個文字呢？形態上連綿縈帶，就像是融合成一個字。漢字系統基本上每個字是獨立的，平假名的系統則是連綿相

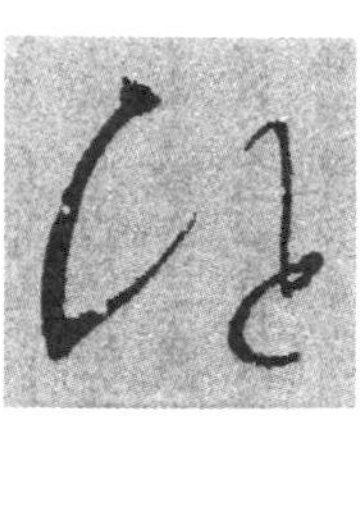

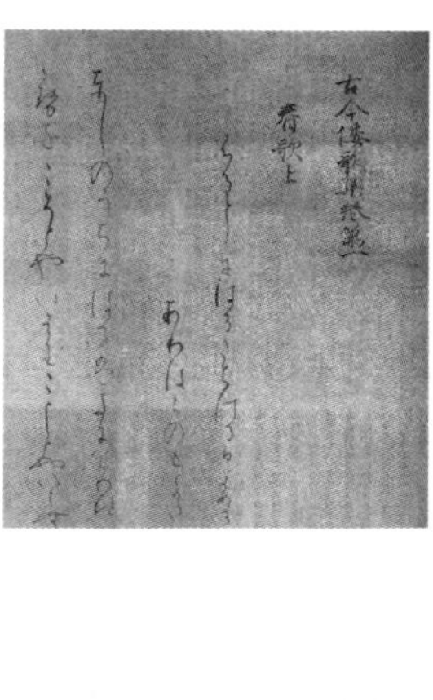

圖9 《古今和歌集》，〈高野切〉卷第一春歌上，五島美術館藏。左圖為「ひと」之放大文字

接，同一條線可以橫跨兩個字。這若是運用在和歌上，便是名為掛詞[17]的修辭法。來看另一首和歌：「等待著遲遲未出現的你，在松帆之浦風平浪靜的黃昏（来ぬ人をまつほの浦の夕なぎに）……」當中的「まつ」，同時擁有「松」與「等待」兩種意思，於是まつ＝待つ＝松，讓兩個詞彙合而為一，此即所謂的「掛詞」，是從很久以前就有的用法。而人們便是以類似的方法來書寫假名文字，或許可以稱之為「掛文字」。

其實，這種假名文字也是在《古今和歌集》的時代臻於完整的。假名究竟創造於何時尚無定論，不過推測應是八世紀或是九世紀。所以到了《古今和歌集》的時代，平假名勢必早已完成並廣為使用。平假名書寫的傑出範例之一，便是陽明文庫舊藏本的《百人一首》歌牌，圖10為取牌[18]的部分。我會在後面的篇幅做更多詳細描述，但總之這些歌牌全部都是以平假名書寫，雖然非常難以閱讀，不過確實都是平假名。這張歌牌上其實寫著小野小町的知名和歌：「櫻花的顏色衰褪了，在春天漫漫的雨勢中……」的下聯，我們稍後再回過頭來看。

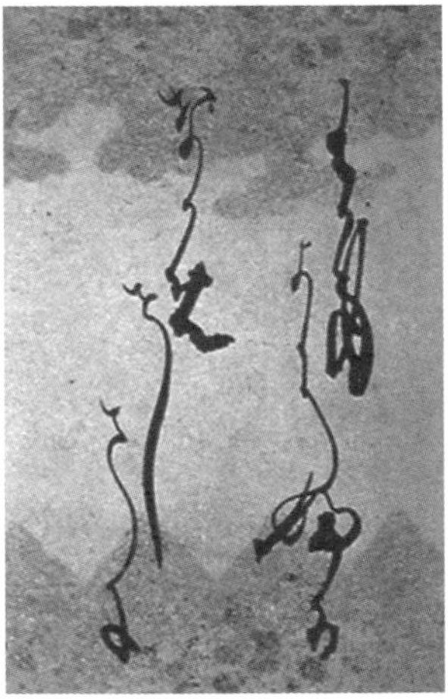

圖10　出自《百人一首》小野小町的取牌，江戶時代（1660～70年左右），陽明文庫舊藏本

就整體脈絡而言，原本由漢字譜成的直線視覺意象，到了平假名則轉而構成奇妙的曲線外形。平假名的微妙曲線與屋簷的些微反翹，顯然也存在著異曲同工之妙。

日本建築與西洋建築的比較

在此，我想嘗試著比較一下日本與歐洲的建築。首先看到圖11是位於希臘的世界遺產帕德嫩神殿，同時也常被拿來與日本的伊勢神宮比較。帕德嫩神殿有許多林立的列柱，其上安置橫樑，再覆蓋三角屋頂，結構上屬於樑與柱的建築。以建築來說，最重要的是撐持屋頂的構造，方式有兩種，其中之一便是以柱支撐。日本的建築基本上也是以此為基礎，由於木材很適合直接作為柱子使用，所以木造建築幾乎都是以柱支撐居多。相對地，兩河流域的美索不達米亞文明使用磚瓦，因此沒有柱子。他們以磚瓦堆砌，在上方施以圓拱造型。而在以石頭為建築素材的歐洲雖然兩種方式皆可行，但基本上還是採用堆砌組合的方式，所以古羅

圖11 帕德嫩神殿

圖12 伊勢神宮

馬時代以來的西洋建築，多半都屬於牆壁式。當然中世紀的哥德式建築也會使用如藤蔓般細長的列柱，但通常還是以牆壁為主體。

日本的情況則不同，比方說前面提及的唐招提寺或是圓覺寺，當我們走訪這些寺院時，首先映入眼簾的都是屋頂。在西洋，例如帕德嫩神殿亦是如此，首先看到的是列柱與牆壁，幾乎看不到什麼屋頂。十九世紀中葉，培里（Matthew Calbraith Perry）率領美國軍艦來航，最初抵達江戶灣從軍艦遠眺江戶時，據說他表示「看到的全是屋頂」（圖13）。如果實際從當時的江戶灣往陸地眺望，眼前肯定是一整片櫛比鱗次的屋頂吧！日本的建築特徵確實在於屋頂，所以日本建築的樣式也正是以屋頂的形態來區分，例如切妻屋頂[19]，或是入母屋屋頂[20]。若是在西洋，則會以羅馬式、哥德式等時代樣式加以區分。

培里來日是嘉永六年，也就是一八五三年。數年後，為了表達對美國的謝意與回禮，幕府於萬延元年（一八六〇）派出遣美使節團。當時雖然借用了美國的軍艦，但為了證明「日本人也做得到」，勉強隨行的便是著名的咸臨丸[21]，並由勝海舟擔任艦長，達成了日本人第一次獨自橫渡太平洋的壯舉。

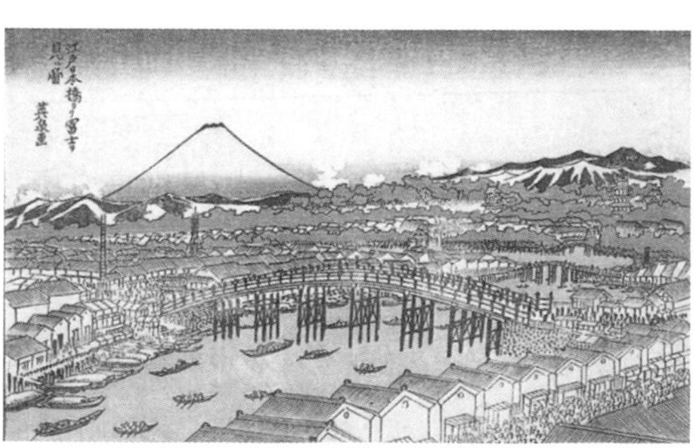

圖13 溪齋英泉〈英泉江戶名所・江戶日本橋遠望富士圖〉，江戶時代（19世紀）

這個萬延元年的遣美使節團，經過夏威夷後首先抵達舊金山。據說當時他們最初的印象，便是「美國的城市放眼望去都是牆壁」；換句話說，建築物的牆壁是最顯眼的。與日本的差異就在這裡。

帕德嫩屬於神殿建築。古希臘原以木造建築為主流，一般民宅皆為木造，但早已不復存在。由於神殿是極其神聖而重要的場所，所以才硬著頭皮以石頭興建。這裡的柱子其實都是用石塊堆積而成的，而不是完整的一根柱子，此外屋簷相當短淺，幾乎只覆蓋住建築物的平面而已。經常被拿來比較的日本伊勢神宮（41頁，圖12）亦是屬於樑柱的構造，側邊的正中央由棟持柱垂直貫穿，水平部分有橫樑支撐，再以千木穩固屋頂[22]。最大的不同在於屋簷相當深長，因此屋簷下方有著寬廣的空間，屋頂自然非常醒目。當然這也與風土氣候的因素有關，例如多雨、強風都會有所影響。

至此，另一個重要的事實，在於帕德嫩神殿是神的領域。西洋的教會也具有同樣的性質，神殿與教堂外，是我們所存在的人間俗世；僅有神殿與教堂的建築物內部，才是神靈與上帝所在的聖域。然而在日本，神的領域不僅包含了建築物，同時也涵蓋了建築物周遭的大自然。眾所周知，伊勢神宮周圍環繞著五十鈴之森（圖14），這個廣闊的範圍全部都屬於神的世界，一旦橫跨五十鈴川，就相當於踏入了神域。

鳥居為何

接著請參考圖15的巴黎聖母院。聖母院當然是廣義的基督教神明所在的世界，其前方的廣場從以前到現在一直都是一般民眾聚集的世俗之地。廣場相當於純然的人間俗世，一旦踏進建築物便進入神的領域，但在日本則不同。圖16為與聖母院同年代、描繪於鎌倉時代的〈春日曼荼羅〉，圖中可看到各種建築物。建築物雖然非常重要，但並不只有建築物才是神的領域，而是涵蓋了周遭的一切。位於遠景的春日山其實象徵著神明，因此描繪在圖面上的全部都可以說是神的領域。眾神在此安住，由於人們會前往參拜，所以才興建了建築。

也就是說，西洋藉由建築物區分神的世界與世俗的世界。那麼，日本又是如

圖14　五十鈴之森與伊勢神宮

何區隔呢？儘管可能看不太清楚，但這幅畫作下方有個鳥居，而鳥居正是區隔神域與凡俗世間的界線。時至今日，日本大部分的城鎮只要有神社，都能看到鳥居。對我們而言，一旦從鳥居下方跨入，就意味著進入神的世界，鳥居外則是人間俗世。然而，鳥居其實並不具任何物理上的區隔作用；畢竟就算不從鳥居進入，也大可從旁邊繞進去，亦沒有可以開閉的門扉。以前我被外國朋友問到「鳥居為何」時，我回答：「這是進入神域的入口，是出入的大門（gate）。」然而，一般外國所謂的大門或是出入口，是指不通過這裡便無法進入內部的關卡。巴黎聖母院現在也有三個出入口，白天開啟，到了夜晚則會上鎖。一旦關閉便無法進入，形成與外部的全面斷絕。反觀鳥居卻是隨時都可以進出，甚至可以從兩側繞入，使得外國人常常摸不著頭緒，難以理解這樣要如何做出區隔。其實，這僅是我們日本人在意識、概念上的區別，實際上並沒有做出明確區分。也因此

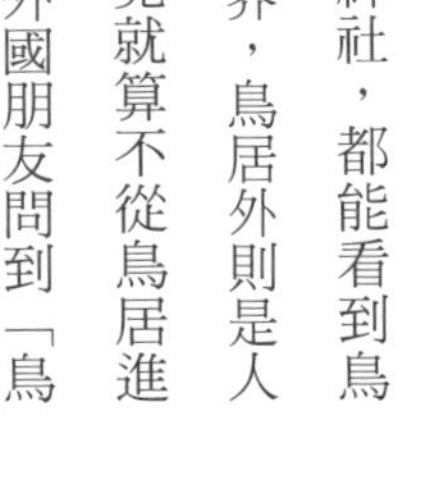

圖15　巴黎聖母院大教堂

圖16　〈春日曼荼羅〉，13世紀，東京國立博物館藏

把鳥居翻譯成「gate」似乎不夠精確，如今在專業人士之間「鳥居」一詞已經通用，或是會稱之為「Torii gate」。

於是，日本的神域以上述形態與自然結合，加上日本的信仰有時會尊奉山岳為神明，所以鳥居也座落在自然的境域裡。圖17是位於廣島的安藝之宮島，漲潮時鳥居會屹立在海水中，退潮時則成為陸地。在此，鳥居的另一側全都屬於神明的領域。

與自然之妙相結合的日本人審美意識

因此我們可以說，東西方看待自然的方式也是截然不同的。圖18乃是夙負盛名的凡爾賽宮庭園的照片。凡爾賽宮的庭園可以說是典型的法式庭園，為西洋式庭園的經典類型。庭園裡充分以人工方式加以打造，有左右對稱的花壇設計，位處中間的針葉樹也修剪成整齊劃一的三角錐狀。中央以噴泉為中心，十分華美而氣派，賦予自然界一種人為的秩序感。

圖17 安藝之宮島

圖18 凡爾賽宮的庭園

圖19 大德寺大仙院方丈之間的前庭

然而日本的庭園，基本上不假於人工之手。更精確地說，是人們會竭盡思慮地整理，但希望最終不要留下人工的痕跡。圖19可以看到京都大德寺大仙院的庭園，在方丈之間正前方的狹小空間裡，營造出相當引人入勝的深山幽谷之趣。凡爾賽宮的庭園非常廣闊，若是實際走上一回，甚至會讓人感到疲累；日本庭園則是在非常狹隘的空間裡打造高山深谷的氛圍，這種造景方式稱為枯山水，於中間鋪滿白沙、石礫，營造出瀑布之感，在狹窄的空間裡重現雄偉壯麗的大自然。無庸置疑，這依然是人們費心尋覓各式石塊，精心配置而成，但如何盡可能不著痕跡地重現自然界深山幽谷的景致，正是日本人的審美意識所在。

再來談談噴水池，這是西洋庭園裡必備的元素。圖20是剛剛提及的凡爾賽宮庭園內的噴水池正在噴水的場景。現今日本的公園也時常可以見到噴水池了。在西洋，日內瓦湖畔的噴水池水柱高騰入雲，直飛一百多公尺，似乎非常以此自豪，某個地方又建造了一個更高大的噴泉之類的消息也時有耳聞。由此可見，噴水池是西洋庭園不可或缺的元素。以凡爾賽宮的庭園為例，十七世紀便能完成如此高低錯落、斜向配置的噴泉，展現彷若水中芭蕾漫舞的演出，著實叫人驚豔。

圖20 凡爾賽宮庭園的噴水池

然而，這是反自然的現象，因為水往低處流是定律，西方的噴水池卻是逆向由下往上噴飛，是以人力違逆自然所成就的。日本的庭園從很久以前便使用水的元素，卻總是打造成瀑布、流水、曲水、池沼，必定以自然作為圭臬。

圖21攝於宇治的平等院，近年依循昔日的樣貌加以復原，重新展現在大家面前。然而，這個鳳凰堂原本是設計成隔著池子來眺望，彷彿看見極樂淨土一般。據說為了讓池子能夠持久蓄水，人們長久下來費盡心思、善盡功夫處理池子及周圍的一切。這是日本人自古以來使用水的方式，所謂的噴水池是從西洋傳入的東西，原本並不存在於日本。

類似的偏好其實也表現在對於高聳的標誌性建築的喜愛上。例如艾菲爾鐵塔（圖22）、凱旋門等紀念性建物，就大剌剌地座落在城市裡，企圖擄獲眾人的目光。日本則不會這麼做，在江戶時期，江戶市街裡幾乎沒有這類標誌性建築；如果觀看歌川廣重的〈名所江戶百景〉版畫系列，便能有深刻體會。

就算到現在，若是瀏覽日本觀光名勝的明信片，也會發現只聚焦於建造物的明信片是不存在的。如果是姬路城，便會看見粉櫻綻放的城郭；如果是金閣寺，

圖21 宇治的平等院鳳凰堂

圖22 艾菲爾鐵塔

便是白雪掩映下的內斂輝煌。總而言之，伴隨著建築物的，必定是各種季節的迷人風情，或是各個季節的祭典慶祝。圖23為知名的京都大文字燒，這原本是夏天迎接祖先的神靈回到故鄉的盂蘭盆節時期，為了平安送祖先回到彼岸所進行的送火儀式，如今則已經普及擴大，成為一般的祭典。與自然環環相扣的祭典，至今依然存在。

日本畫所描繪的四季

這種與自然之妙結合的審美意識，其實也能在繪畫作品中得到印證。圖24出自三得利美術館（Suntory Museum of Art）的館藏〈秋冬花鳥圖〉，為四曲一雙[23]的屏風。原本的形態是相連在一起的超長型作品，現在則拆成左右兩隻。觀賞的順序是從面對屏風的右手邊開始讓視線漸漸往左移動，右隻的屏風呈現出夏末入秋的光景，中央部分平添幾許楓紅，左隻描繪了暮秋入冬的時節，在最左端可以見到被白雪覆蓋的松樹。也就是說，這一雙屏風表現了從秋涼到冬寒的季節

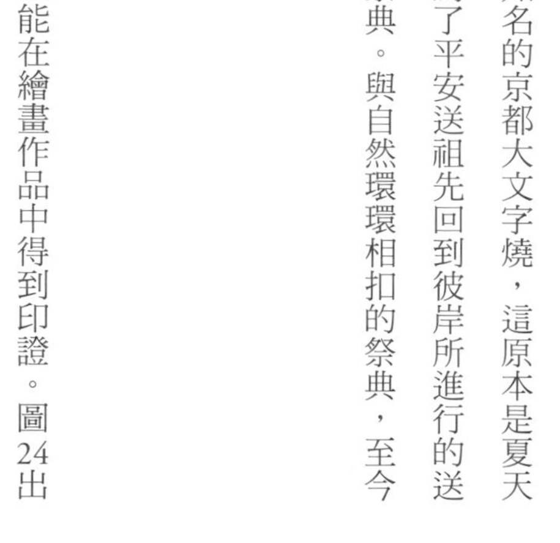

圖23 京都大文字燒

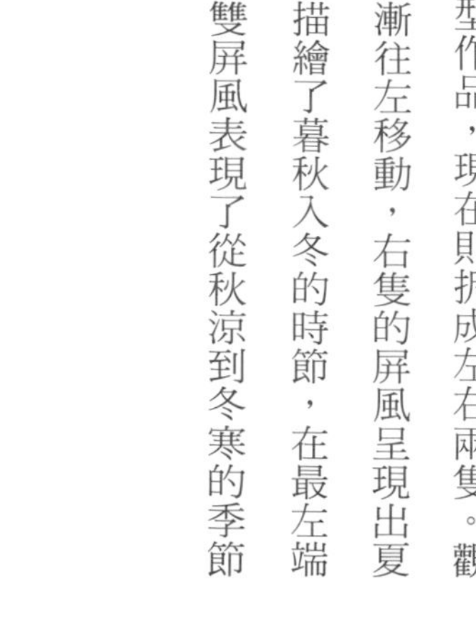

圖24〈秋冬花鳥圖〉，室町時代（16世紀），三得利美術館藏

流轉，故以〈秋冬花鳥圖〉為題名。也許原本另外還有描寫春夏的部分，構成八曲一雙的四季屏風，只可惜至今行蹤不明。這件作品在一個畫面裡同時描繪秋天與冬天，從右邊的楓紅到左邊的白雪，呈現季節更迭，時光流轉。外國人看了可能覺得不可思議，會說「到底是秋天還是冬天？」由此可見，至少從文藝復興以來，西方人所認知的繪畫，便是對某一個特定時間的描寫；相較之下，日本人則會在一個畫面中展現時間的流動。

如果再加入人們的日常生活，就會創造出如十九世紀狩野派〈四季耕作圖〉（圖25）這類的作品。作品形式屬於六曲一雙的屏風，從面對屏風的右側開始，右隻屏風的遠景有山櫻點綴，前景也綻放著滿樹櫻花，附近則是一大畝田地與忙著插秧的農民；再往左邊移動，可見河水潺潺，有人在水中戲水，顯然是夏天的風景。往左隻屏風看去，最後段加入了許多人影，描繪出人們生活的光景，遠處的山巒還覆蓋著皚皚白雪。透過六曲一雙的屏風，從春天到冬天的四季循環得以完整呈現，同時帶入了人們的日常生活。整個大畫面的左下方所安插的人群場景，正描繪出人們歡喜勞動、孩童天真嬉戲的生活樣態（圖26）。

這種把時間帶入畫作的傳統由來已久。在日本，正好有所謂的繪卷作品，能夠在不切割、不分段的情況下讓風景綿延。圖27是著名的毛利家所珍藏的國寶〈山水長卷〉的局部圖，屬於超長篇卷軸畫作的一小部分，雪舟在這幅作品中描繪出山水風光，整體也是由春天走向冬天，展現了四季的流轉。這種創作傳統一直延續到明治時期以降的近代。圖28為菱田春草的〈四季山水〉，圖29則是橫山大觀的〈四時山水〉。兩者同樣都是繪卷作品，隨著將卷軸慢慢攤開，不知不覺間便從春天邁入夏、秋，再走入冬天，季節於是在畫面中不斷更替移行。

圖25　狩野晴川院養信〈四季耕作圖〉、江戶時代（約1825年），三得利美術館藏

圖26　〈四季耕作圖〉局部放大

圖27　雪舟〈山水長卷〉（局部），1486年，毛利博物館藏

上・圖28　菱田春草〈四季山水〉（局部），１９１０年，東京國立近代美術館藏

下・圖29　橫山大觀〈四時山水〉（局部），１９４７年，橫山大觀紀念館藏

繪文字的遊心玩藝

接下來我們再回頭來談談繪文字，也就是圖像文字。圖30作為將時間性帶入作品並充分展現日本人感性的例子，其實是一封由與謝蕪村寫下的書信。

這是蕪村寫給朋友的書信，信中提及蕪村前往某處，回程時遇雨。由於朋友家正好在附近，於是他前往拜訪，暫時躲雨；但等了一陣子雨勢仍不見停歇，所以蕪村向朋友借了傘回家，而這正是他隔天派人歸還雨傘時附上的書信。信中提到：昨日接受您的多方款待，只是躲個小雨，還讓您費心以茶禮遇，感謝萬分。想說該回家了，雨勢卻不減反增，接著信中畫出了下雨的圖案。雖然打算要回家了，雨勢卻益加滂沱，所以蕪村改用圖像表現，就好像小孩子的塗鴉一般。在進退兩難的情況下，他只好跟朋友借了傘回家。作為歸還雨傘時所附上的感謝函，文末寫上「向您借用的傘，藉此致謝歸還」，這裡的「傘」特別不以文字書寫，而是以圖像化的繪文字表現，後續則繼續以文字書寫。

另一個範例可以看到與謝蕪村寫給同為俳人好友的書信（圖31）。這份書信

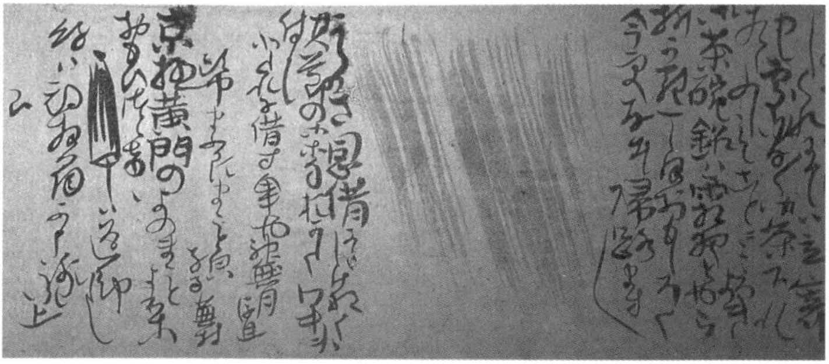

圖30　蕪村的手寫信，18世紀，野村美術館藏

相當珍貴，被指定為國家的重要文化財。蕪村作為俳句詩人，師承了老師的俳號，人稱「夜半亭二世」；他的好友則是以「大來堂」為號的俳句詩人。這封寫給大來堂的書信雖然只是普通用來傳達消息的信件，卻充滿趣味性。最右邊可以看到收件人「大來堂」的文字，第一個字其實是「來」，而且寫得特別巨大，所以讀作「大來」；接著下方描繪了一個小巧的堂屋，所以意指「大來堂」，後面的敬稱再以平假名書寫。繼續往下可以看到一個箭矢的圖案，且箭羽只有一半。因為是箭矢的一半，漢字寫作「矢半」，讀音與「夜半」相同，都是「やはん（yahan）」，所以蕪村藉由「矢半」的圖案來代替自己的簽名。這種遊心巧思在當時的俳人之間相當盛行，同樣屬於一種繪文字的表現。

其中又以江戶人特別喜歡這種小遊戲。圖32是葛飾北齋的浮世繪作品，因為屬於版畫形式得以大量印刷，可見其人氣之高。這件作品是〈六歌仙圖〉系列當中的喜撰法師，畫面上方有著工藝書畫用的和紙風格裝飾，並寫有以下和歌：「吾庵座落於都城東南，安居樂活如我，世人卻說我遁世逃離至宇治山（わが庵は都のたつみしかぞすむ世をうぢ山と人はいふなり）。」如畫面所見，文字忽上

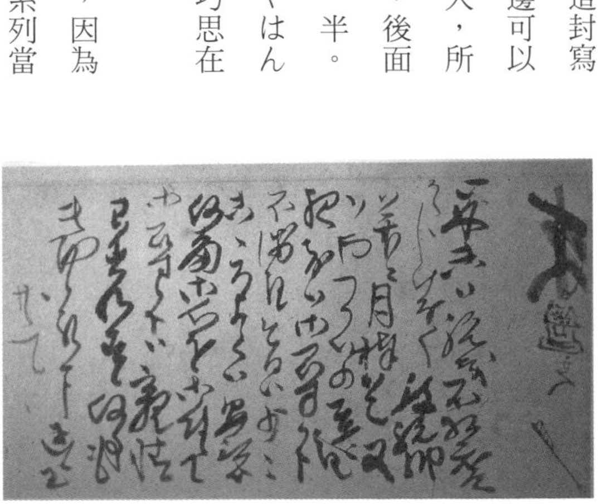

圖31 蕪村的手寫信「敬致大來堂先生」，18世紀，文化廳保管

忽下，乍看之下以為要從置頂的文字開始讀，卻並非如此。實際上應從最右邊開始閱讀，「吾庵座落於都城東南」漸漸往下延伸，「安居樂活如我」突然一躍而上，接著「遁世逃離至宇治山」又順勢向下，「（世人）卻說」再次反彈回到上方。如行雲流水一般，時而上時而下地自由排列，可謂是一種考量到設計感的排版方式。

若是在外國，寫詩的時候一定會對齊行首，不會像這樣忽上忽下。但在日本，這種情況反倒十分普遍，也就是將文字視為設計要素加以巧妙配置的結果。

同樣地，《百人一首》的插圖也有異曲同工之妙。以喜撰法師的圖像為例，仔細觀察，會發現畫中特別強調衣裝上的皺褶線條。這當然也是刻意為之，希望讓讀者仔細端詳、解讀。事實上，服裝的線條是以喜撰法師的平假名標示「きせんほうし」組合而成，也就是運用了繪文字。六歌仙當中的小野小町、大友黑主

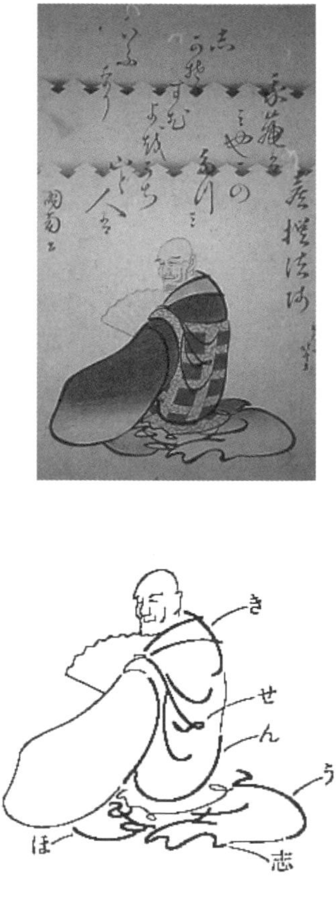

圖32　葛飾北齋〈六歌仙圖・喜撰法師〉。下圖為分析解讀圖，出自「文字繪與繪文字的系譜」展覽圖錄（澀谷區松濤美術館，1996年）

等人的插圖也是如出一轍，前者描繪出公主的俏麗模樣，並以小野小町的平假名標示「おののまち」等文字勾勒衣裝。這無疑是一種遊心玩藝，讓圖像與文字合而為一。

另一個例子是柿本人麻呂的著名和歌，在《古今和歌集》序文中也被提及：「晨曦微光中的明石之浦，籠罩著迷濛朝霧。眺望孤影船隻漸行漸遠，消失於隱沒的小島汪洋中，令人感慨萬千（ほのぼのと明石の浦の朝霧に島がくれ行く舟をしぞ思ふ）。」柿本人麻呂有歌聖、和歌聖人之稱，直至江戶時代都還是家喻戶曉的歌人，而這首和歌正是他最膾炙人口的作品。圖33便是利用了這首和歌，於中間部分我們可以看到「ほのぼのと」的平假名文字，「ふね」構成了人臉周圍的頭部，其他文字亦各自排列，組成線條流暢而瀟灑的人麻呂肖像。這是非常經典的人麻呂單膝立起盤坐的形象，乃是出自靜岡出身的江戶時代僧侶白隱之手。

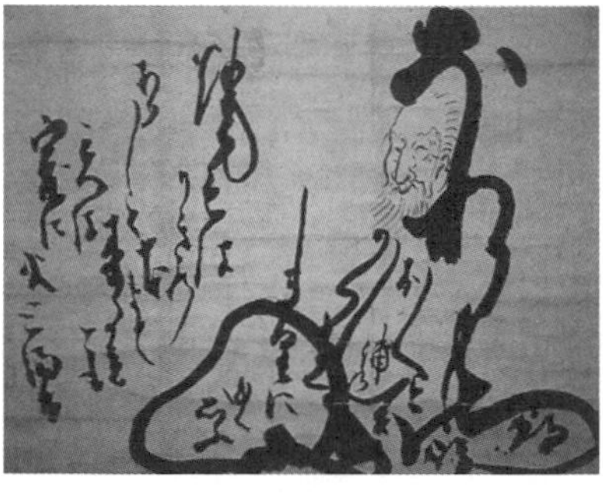

圖33 白隱〈人麻呂像〉，江戶時代，佐野美術館藏

繪畫與文字的共同創作

圖34是由本阿彌光悅所書寫的和歌卷軸，為桃山時代[24]極具代表性的作品。這件作品享譽盛名，俵屋宗達使用金銀媒材，先在紙面上描繪出圖案，包括鹿或是鶴等等，因此一般習慣稱呼這件作品為〈鶴下繪和歌卷〉。該作品先由宗達畫出鶴群，再由光悅於圖案上揮灑文字，內容依舊是前述柿本人麻呂的知名和歌：「晨曦微光中的明石之浦，籠罩著迷濛朝霧。眺望孤影船隻漸行漸遠，消失於隱沒的小島汪洋中，令人感慨萬千。」背景施以金泥，鶴群則以銀泥表現，整體相當奢華，甚至還在上面書寫和歌，這是西洋完全無法想像的；就連日本人如果被要求在宗達大師的畫作上落筆，也會覺得難以置信。中國的詩畫幾乎只會在空白處寫下文字，即先有圖再寫詩，而且是寫在留白的地方。然而，光悅卻毫不客氣地在圖案上揮毫，顯然當中存在著合作、共同創作的意識。

透過觀察作品，首先可以看到「柿本人丸」的漢字，緊接著是和歌本文，當中有部分的文字使用了萬葉假名。雖然大和語彙本來都是假名文字，但因為先有

上・圖34 圖／俵屋宗達、文／本阿彌光悅〈鶴下繪和歌卷〉、江戶時代（17世紀），京都國立博物館藏

下・圖35 圖／俵屋宗達、文／本阿彌光悅〈鹿下繪和歌卷〉、江戶時代（17世紀），山種美術館藏

來自中國的文字傳入，所以《萬葉集》通篇以漢字著成，只不過是借用漢字的讀音來表記音節，因此稱為「萬葉假名」。爾後創造假名文字系統時，把原先借用漢字讀音的一部分加以保留，形成了「變體假名」，並持續使用到江戶時代。這首和歌開頭的「ほのぼの」，「ほ」借用漢字保險的「保」字，「の」則採用濃尾地區[25]的「濃」字，都是借用漢字讀音的手法；接下來的「ゝゝ」有重複之意，也就是「保濃」重複兩次的簡寫。下一行寫有「明石之浦」，接續的是「乃」、「朝霧」，再下一行可以看到「島（しま）」的「し」以疾筆寫出細瘦的線條，與鶴足相互呼應。最後以「舟をしぞ思ふ」結尾，是相當精彩的共創作品。

圖35的〈鹿下繪〉也有異曲同工之妙，且同樣是宗達的畫作。宗達以畫筆刷出薄薄的金色天空與銀色地面，並畫上鹿的圖案，其上再由光悅落筆寫下文字。根據右側「西行法師」的文字，可以得知這乃是出自著名的和歌：「遁入佛門，我心如止水，卻因為瞥見秋日黃昏自沼川展翅飛翔的鷸鳥，而無以言喻地深受悸動（心なき身にもあはれ知られけり鴫立つ沢の秋の夕暮れ）。」開頭的地方幾乎

難以辨識，不易閱讀，隱約只能看到四個點，接著看下去則出現較大的漢字字體，分別是「論」、「那」、「來」。上面的四個點其實是「ここ」，因為平假名的「こ」會寫成兩個點。

關於寫成兩個點的「こ」，也有古老的和歌傳世。「こ」被稱為「兩個文字」，因為連寫兩個點就會變成「こ」。該首兒時經常聽到的和歌先是提到「兩個文字、牛角文字、筆直文字」，「兩個文字」就是寫上兩個點，變成平假名的「こ」；「牛角文字」是長得像牛角的平假名「い」，「筆直文字」則是直挺挺的平假名「し」。接下來又提到「折曲文字」，是指外形如同彎曲木樁的平假名「く」。整個串聯起來看，「兩個文字、牛角文字、筆直文字、折曲文字」就是有懷念之意的「こ・い・し・く」，藉此暗喻小女孩對於睽違多時的父親所蘊藏的深切思念。

〈鹿下繪〉當中也是將「こ」寫成連續四個點，變成「ここ」，隨後則以萬葉假名寫下大大的「論・那・來」（「ろ・な・き」）。位於鹿隻尾巴附近筆直修長的「し」，正巧與鹿隻纖細的腳相互呼應；畫鹿腳的是宗達，而抒寫文字的則是光悅。接著「鳴立つ沢の」來到鹿隻左側，中間空出幾行的距離，最後以「秋乃夕暮」收尾。無論是文字配置還是書寫方式，該作品巧妙地交錯使用漢字、萬葉假名與平假名等多種文字，是以精彩的設計將圖像與文字整合的代表性範例。

散書與返書

下一個例子是「繼色紙」。直到現在，一般書寫和歌都會使用色紙。圖36是將兩張色紙橫向連結起來書寫，因而稱為繼色紙，也是很經典的代表範例。中央留下相當大的空白，容易讓人誤以為是兩首和歌，但其實是一首。每一行的字首時上時下，寫有《古今和歌集》中一首作者不詳的和歌，上聯是「筑波山滿布美麗蒼鬱的樹蔭（つくばねのかのもこのおもにかげはあれど）」，斜長的留白後，下聯則是「卻勝不過妳的姿態身影（きみがみかげにますかげはなし）」。這是一首戀情之歌，卻特意讓上下聯相隔一段距離。這種書寫方式稱為「散書」，十分有設計感。日本和歌在書寫的時候多半會像這樣將文字散落開來。

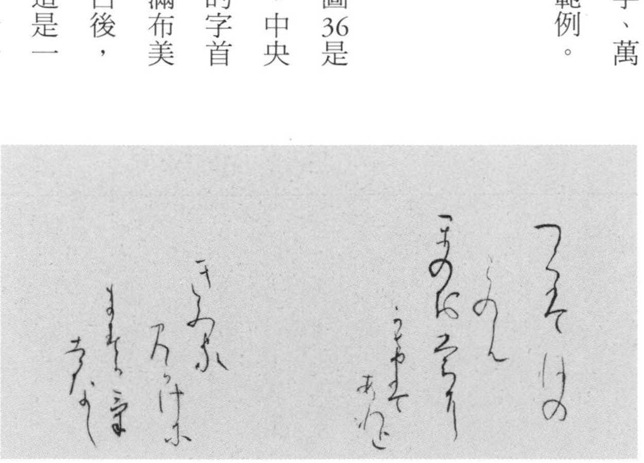

圖36 「筑波山滿布美麗蒼鬱的樹蔭」之書，繼色紙，藤田美術館藏

還有一種更極端的寫法，甚至會忽左忽右，稱之為「返書」。圖37為返書的代表範例。究竟要從哪裡開始吟誦呢？其實是從字首最高、墨色最濃的那句開始讀。這是清原深養父的和歌：「思慕戀人的心情，雖說不是雁子，卻彷若雁群橫渡大際、昂首高鳴、漸行漸遠一般，我亦仰首，對著蒼穹深深地哭泣。」上聯先從畫面中央最高、最濃的文字開始往左吟誦（ひとをおもふこころ／はかりにあらねども／くもゐに），但到了下聯後半（のみもなき／わたる／かな），卻跳回最右邊收尾。也就是說，現今的書寫方式雖然習慣由右向左，但和歌時常會反向逆行，由左返躍回右，自由而無拘束。就整體結構的設計來看，呈現中央高起的三角形配置。

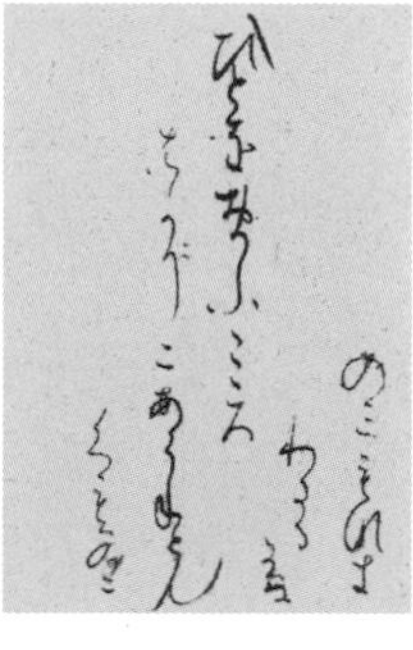

圖37 「思慕戀人的心情」之書，東京國立博物館藏

日本漢字的特殊性

圖38是日前浮世繪展中登場的有趣範例。上面寫有西行法師的和歌，中間最顯眼處可以看出「世間」的字樣，讀作「よのなか（Yononaka）」。日本文字系統的

特色，在於一方面導入中國的漢字擷取讀音，例如「世間」唸作「せけん（Seken）」，另一方面則創造出大和語彙，所以「世間」也讀作「よのなか」。放眼世界，這種文字系統是相當罕見而獨特的，在輸入漢字的同時，也保有日本原創的文字語彙。

舉例來說，「山」、「川」等漢字無庸置疑是從中國傳來的，當時應該也是近似於漢語的發音，讀成「サン」（San）、「セン」（Sen）。除了漢字原本的發音，在日文系統裡，也可以唸為「やま」（Yama）、「かわ」（Kawa）。所以時至今日，「山」同時存在兩種讀法，音讀為「サン」，訓讀為「やま」。日本大部分的漢字都有音讀、訓讀兩種唸法，這不僅在漢字文化圈幾乎沒有其他案例，甚至直到現在都還持續活用當中；但也因此學習起來特別辛苦，得記下音讀、訓讀兩種唸法才行。比方說《古今和歌集》亦有兩種讀音，可以唸成音讀「こきんわかしゅう」（Kokinwakasyū），也可以發音為訓讀「いにしえいまのやまとうた」（Inisieimanoyamatouta）。

事實上，即便同屬漢字文化圈，日本卻保有相當的特殊性。漢字原本誕生於中國，周圍的越南、韓國、蒙古等國家，都將漢字導入使用。但是眾所周知，現今的韓國早已將文字系統轉變成韓文方塊字，儘管有若干提倡恢復漢字的運動，但基本上已由韓文方塊字系統全面取代，至於越南也全面改成使用字母。只有日本，一方面輸入漢字、保留漢字，並與平假名合併使用，讓兩種文字同時並存，如今漢字與假名穿插的文章已是基本常態。假名其實也是從漢字演化而來，將漢字崩解簡化，最終形成與漢字不同的造形。漢字基本上屬於直線的集合體，特別強調上下的縱向線條；據說寫書法的人，首要追求「天地相連」，也許是因為漢字的源起與占卜有關。今日大家所熟悉的漢字比較適用於縱向的書寫，也就是直書；橫書經常會衍生一些困擾，排版設計時也比較費心思。例如製作名片時，一般會使用明體，其字體正是縱線粗黑，橫線則略為細瘦。也就是說，強調縱線是漢字的基本特徵。

漢字追求天地相連，以直線加以組合，並以中心線為軸，呈現左右對稱，像是「一、二、三」、「大、中、小」、「山、川、草、木」，以及「日、月、火、水、木、金、土」、「東、西、南、北」皆是如此。當然後續又衍生出更複雜的形態，例如加上部首的組合。除去特別複雜的情況，漢字的基本形態就是直線的組合，並左右對稱。

西歐的字母系統大約也是如此，同樣傾向於直線的架構。另外有一些像是O或是P，則是類似於圓頂或是圓拱，由完整的圓形或是橢圓形加以變化。其他大部分都是直線的組合，而且因為適用於橫書，所以比起左右更偏向上下對稱。例如「A」屬於左右對稱，「BCDE」則全部都是上下對稱。其他像是「HIM」以及「TUVWXY」，也盡是左右或上下對稱的形態，如此一來作為符號不僅簡單明瞭，而且書寫容易。

反觀平假名系統，不但不可思議地幾乎不存在任何直線，更沒有上下對稱，或是左右對稱，卻還是在日本被普遍使用。

圖38所書寫的和歌是西行法師的作品，同時收錄於《山家集》當中。西行某次前往寺廟參拜，在返程途中來到名為江口的村莊，因天色漸黑且天候不佳，便請求當地一戶人家借宿一晚，卻遭到女主人斷然拒絕。而這便是西行法師被無情駁回時抒發心中感慨所吟唱的和歌：「厭世離俗應該是一件不容易的事吧！但借

住一宿應該不是如此困難，為何妳可以如此斷然拒絕呢？（世の中を厭ふまでこそかたからめ仮のやどりををしむ君かな）」這裡的「借住一宿」採用掛詞修辭法，同時也包含「暫時居所」的意思。畫面正中央的漢字「世間」，讀作「世の中（よのなか）」，文章逐漸朝右編排，並斜向右下方；到了「君かな」又一躍向左，返回中間。接下去則是該位女主人的答覆：「聽說你因厭倦俗世煩擾而斷然出家，為何需要如此執著於借宿遊女[26]之家？讓我百思不得其解（世をいとふ人とし聞けばかりの宿に心とむなと思ふばかりぞ）。」也就是採用問答形式的和歌。這段文字改由中間向左方書寫，因此整體畫面呈現山形的文字配置。同時下方的女性圖像也呼應上方文字形成三角形的構圖，圖文構成相當巧妙。

這首西行法師的和歌廣為人知，除了文人雅士，也透過浮世繪版畫、能劇的題材而廣泛普及於市井之間。西行的歌集裡提到這位斷然拒絕的女性名為「妙」，該段軼事發生在名為江口的港灣小鎮，這位女性則是在花街工作的娼婦。後來故事逐漸傳開，甚至還被加油添醋，謠曲〈江口〉便是由此衍生出的能

圖38 〈倚著扶手枕架的美人〉，江戶時代

劇腳本，描述西行前往江口的娼家借宿遭到拒絕，但這位娼婦其實是觀音的化身，藉此考驗西行法師，在當時博得了極高的人氣與知名度。也因此圖38的作品中，正是以娼婦、遊女的姿態描繪這位女性。

工藝設計中的圖像與文字

再看到另一個類似的例子。圖39為江戶時代的〈初音蒔繪[27]手箱〉，是德川幕府第三代將軍家光為女兒出嫁時準備的嫁妝。由於是將軍家的愛女，因此準備了不少奢侈華麗的物品，如今在德川美術館仍收藏有各種衣櫃、衣桁[28]以及化妝用品，這裡的手箱便是其中之一。作品名為「初音」，源自於手箱整體的裝飾是以《源氏物語》的〈初音〉之卷作為設計理念，可見與文學有著緊密的連結。

「初音」是正月最初的「子之日」所舉行的慶祝儀式，通常會前往野外拔松樹、摘嫩葉、舉行宴會；當孩童拔起年幼的松樹時，經常會連根拔起，若樹根綿長，便是長壽的象徵，值得慶賀。加上此時也是初春的季節，會有樹鶯在枝頭上

圖39〈初音蒔繪手箱〉，江戶時代（17世紀），東京國立博物館藏。左圖為分析解讀圖，出自「文字繪與繪文字的系譜」展覽圖錄（澀谷區松濤美術館，1996年）

鳴啼，所以亦與樹鶯的初音有雙關之趣。

《源氏物語》的〈初音〉之卷描述源氏被流放到明石之際，與名為明石之君的女性交好，並生下孩子。但是源氏最終還是回到京都，且將孩子一起帶走，明石之君則由於身分低微，無法同行。後來源氏雖然派人迎接明石之君前來都城，卻再次因身分問題無法同住。然而明石之君作為母親，還是很牽掛自己的孩子。到了正月，明石之君差出一封寫給女兒的書信，書信裡面附上和歌：「長年等待，年事已高卻苦無見面機會。多麼期盼，能讓我聽聽那樹鶯的初音，那個歡喜悦耳之音（年月を松にひかれてげ経る人に今日鶯の初音聞かせよ）。」

來看一下原文。「年月を」指的是自己年事已高。「松にひかれて」的「松」，是「松の木」（松樹）與「待っている」（等待）的掛詞修辭法，兩者皆可唸作「Matsu」。「年月を松にひかれて経る人に」的「経る」是指經年等待；「今日鶯の初音聞かせよ」意指今天正好是初音之日，多麼希望能讓我聽聽樹鶯的初音，同時透露出期望能聽到自己孩子的聲音。收到母親書信的女孩後來也回贈了一首青澀稚嫩的和歌，而這件初音蒔繪手箱，便蘊含了這樣的場景。

我們再來仔細觀賞、對照一下圖39的手箱。手箱上面有著雄偉的宮殿，描繪了華美的巨大宅邸，而且可以看見葵紋家徽。畢竟是德川家的女兒，所以三葉葵散落各處。右邊可見一棵巨大的松樹，松樹的最上端有著略為不可思議的造形。這是變體假名的「と」，對應的是「登」這個漢字。瘦長的「し」作為松樹樹幹持續延伸，下方出現「月」的漢字，串聯起來變成「登し月を」。「松」的漢字並未出現，而是用圖像的松樹取代「松に」的文字表現，「ひかれて」這幾個平假名則散落在畫面上方。這種手法稱為「葦手」，也就是把文字加以變形、隱沒在繪畫中。於是我們可以解讀出「年月を松にひかれて」，單憑這一句就足以讓當時普遍熟悉《源氏物語》的人們立刻聯想到：「這是初音時節明石之君所吟詠的和歌啊！」與此同時，能理解箇中意義也是擁有良好素養的證明，諸如此類的例子不勝枚舉。

再舉另一個例子。圖40的硯箱是以藤原俊成的和歌為理念所設計：「或許還能再次看到吧？不！或許不能了。在交野的皇室狩獵地，春天破曉之際，看見櫻花如雪片般飛舞的絕美光景（またや見む交野のみ野の桜狩り花の雪散る春のあ

圖40　尾形光琳設計〈櫻狩蒔繪螺鈿金貝硯箱〉，江戶時代（推測約17世紀），藤田美術館藏。左圖為開蓋後的硯箱內部樣貌

けばの）。」硯箱上可以清楚看見「またや見む」的文字，「またや見む交野のみ野の」的「み野」兩字位於櫻花樹下方。這是一首賞櫻的和歌，「桜狩」不以文字書寫，而是以圖像表現。相對於硯箱上蓋的上聯，打開硯箱後，可以看到下聯「花の雪降る春のあけぼの」以圖文整合的方式呈現，是一件完美結合和歌與繪畫的裝飾性作品。

最卓越的範例，非本阿彌光悅的國寶〈舟橋蒔繪硯箱〉（圖41）莫屬了。這

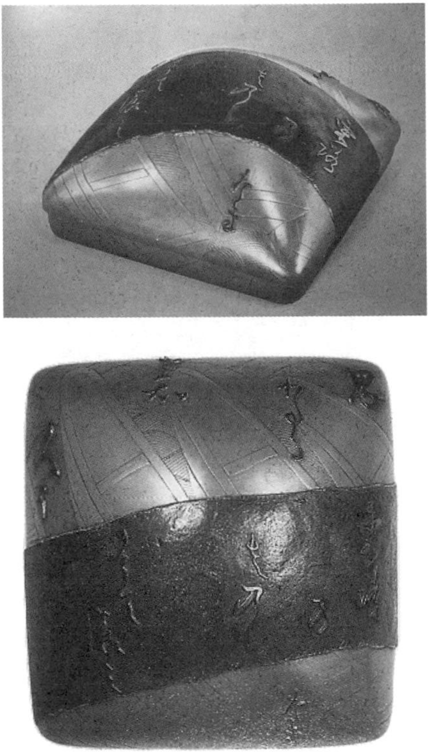

圖41　本阿彌光悅〈舟橋蒔繪硯箱〉、江戶時代（17世紀），東京國立博物館藏

件作品描繪出舟橋的紋樣，硯箱中央部位飽滿圓潤地大幅鼓起，不難想像是出自光悅大膽而前衛的設計。所謂的舟橋現在仍然可見，若要橫渡沒有橋樑的水面時，會將小舟平行並列並架上木板以利通行，當作臨時的橋樑使用。

仔細端詳，這件蒔繪作品在金色的部位描繪出舟船的模樣，再於上方貼附鉛板，象徵橋板。整體散落著一些文字，不易讀取，其實是出自平安時代源等的和歌：「東路佐野的舟橋，是如此綿延而漫長。而我深切的思念，卻是無人知曉（東路の佐野の舟橋かけてのみ思ひ渡るを知るひとぞなき）。」也許從上方鳥瞰會比較容易理解，可以看出舟船的圖案，以及鉛板，上面寫著「東路乃」。「東路乃　さ乃ゝ」之後的文字一躍而飛，「舟橋」不使用漢字改以圖案表現，「かけて濃三」則出現在鉛板的最左邊；接下來彈跳至硯箱的右上角，出現「思」以及「わた（渡）る」，一路向左，拉高行首刻下「を知人そ」，最後的「なき」則跳躍至硯箱的右下方。這種擺放方式不知道該說是奔放無羈，還是零落錯置，如果不知道這首和歌，想必讓人難以理解，但確實是一件無與倫比的傑出之作。

定家「否定的美學」

將時間繼續往後推，來到《新古今和歌集》的時代。藤原俊成的兒子——藤原定家創作了一首著名的和歌：「繫上馬隻，撥落衣袖積雪的人影絲毫未見，正是佐野渡場白雪靄靄的黃昏時分。」這裡提到的佐野渡場是關東地區的渡船場，描寫了當地白雪紛飛，寂靜無聲的雪中黃昏。繫上馬隻、撥落衣袖積雪，指的是人的姿態與行動，其中「撥落衣袖積雪」也暗示了貴公子的階級身分。從「撥落衣袖積雪的人影絲毫未見」，可以推斷整首和歌的主軸緊緊扣在「沒有任何人」這件事情上。定家正是透過這首和歌，表達出杳無人跡的雪中黃昏帶來的寂寥氛圍與心境。

然而問題在於，這種虛無感要如何以繪畫展現？因為杳無人跡，如果視覺化成為圖像，那便是在沒有任何人跡的空曠水邊，營造出白雪紛飛的情境；但定家卻不直接說沒有任何人，而是先讓貴公子騎馬、揮袖的姿態在讀者的腦海裡浮現，然後加以否定，說沒有這樣子的人存在，是非常出色的修辭法。在《古今和歌集》的年代，修辭的方式會更加樸實、直率，然而到了《新古今和歌集》的時代，定家的美學傾向於先形塑一個精彩、華美的印象，隨後再加以否定。我將這種修辭方式稱為「否定的美學」，代表性的範例便是定家的一首夕陽之歌：「環顧四周，不見春天的粉櫻，亦無秋日的丹楓。只見海濱寂寥的茅草小屋，佇立於秋天的暮色。」當我們閱讀這首和歌時，首先會在腦海中映現出繁花紅葉的景象，但定家卻又隨即加以否定。

《古今和歌集》裡面收錄了一首素性法師的和歌：「放眼望去，粉櫻綠柳交織出京城之春的錦繡美景。」定家當然知道這首和歌，歌中呈現出非常絢爛美麗、柳櫻相映、活力洋溢的京都春景。「粉櫻綠柳交織」給人華美浪漫的印象，而定家便是以此為基礎，重新創造出春天粉櫻、秋日丹楓的華麗印象，寫下新時代的和歌。然而，在這個繽紛想像浮現後，他又漠然否定其存在，只見海濱寂寥的樸素茅草小屋佇立在秋天的暮色中，形成一種清貧、枯淡的景象——這便是定家的美學。

關於佐野渡場的和歌也立基於同樣的美學概念，繫上馬隻、撥落衣袖積雪，

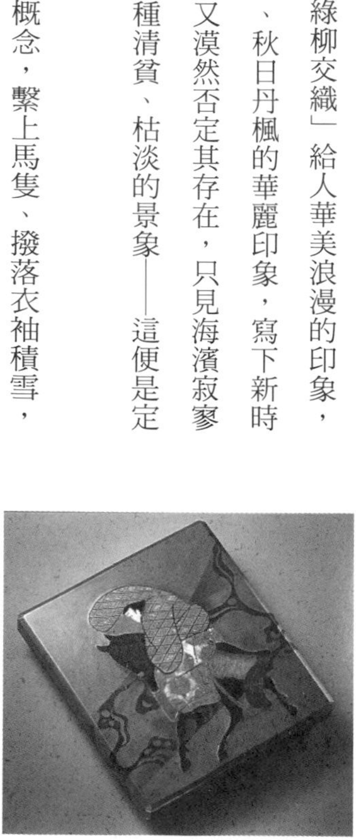

圖42 尾形光琳〈佐野渡蒔繪硯箱〉，江戸時代（18世紀），五島美術館藏

首先醞釀出貴公子的想像，然後加以否定。這首和歌如何加以視覺圖像化呢？深具代表性的範例，是收藏於五島美術館由尾形光琳設計的〈佐野渡蒔繪硯箱〉（圖42）。這件作品在硯箱蓋子上以滿版形態描繪出繫上馬隻、撥落衣袖積雪的貴公子的華麗姿態，也就是讓和歌中全面否定的形象堂堂躍於平面，但人們卻可以藉此聯想到這首和歌，然後讚嘆著：「啊！是那寂靜無聲的佐野雪中黃昏。」這使得想像得以持續延伸擴大，成就了一種相當風雅而唯美的藝術表現。

在原業平「八橋」的設計

接著來談談琳派作品中鼎鼎大名的「八橋」這個主題。圖43上方寫了一首和歌，圖文融合為一，描寫了《伊勢物語》在原業平東行的一個場景。和歌的內容如下：「彷彿褪下穿慣的舊唐衣，獨留熟稔的妻子，讓我在遠離都城的旅途中備感孤寂（唐衣きつつなれにしつましあればはるばるきぬる旅をしぞ思ふ）。」這首和歌採用五・七・五・七・七的格式，擷取每一句的開頭文字，會變成「かき

圖43　尾形乾山〈八橋圖〉，江戶時代（18世紀），文化廳保管

つばた」，也就是燕子花的意思。在原業平離開京都，東行至三河八橋這個地方，八橋現在雖然不復存在，但唯獨留下了地名。昔日因為河川在此分歧成諸多支流，橋樑隨處可見，因此得名「八橋」。由於四周開滿了燕子花，業平被同行者要求「創作一首吟詠燕子花的和歌」，於是他遙想京都吟唱了這首「唐衣」的和歌。這段逸話頗有名氣，相信不少人都聽過。

圖43是尾形乾山所創作的作品，描繪了八橋與燕子花，同時也散落地擺置了文字，巧妙地融合文字與繪畫。尾形光琳亦曾以同樣主題進行創作，但沒有書寫文字；圖44是國寶〈八橋之蒔繪手箱〉，以螺鈿製成燕子花，以鉛板表現八橋。另外還有一件著名的〈八橋圖屏風〉（圖45），現藏於美國紐約大都會博物館，描繪的也是燕子花與八橋。

如果是一般的做法，可能會將業平以及同行的人物一起加入畫面。但這幾件作品都沒有人物入畫，純粹只描繪燕子花跟橋樑。更極端的例子如圖46，連橋都省略了；該作品也是基於業平的和歌所創作的〈燕子花圖屏風〉，為根津美術館的館藏。對此外國朋友們不太理解，屢屢詢問「為何這是八橋？」、「究竟這燕

圖44 尾形光琳〈八橋之蒔繪手箱〉，江戶時代（18世紀），東京國立博物館藏

圖45 尾形光琳〈八橋圖屏風〉，約創作於1710年，美國紐約大都會博物館藏

子花是在哪裡綻放？」說起在何處綻放，當然是在水中，只是國外的畫法，大概少不了水面或是河水，甚至連土塀、天空都會描繪進去。但這件作品完全屏除這些元素，只單純專注於燕子花，展現出絕佳的設計感，甚至還蘊含了文學與和歌世界的背景。

小野小町「花兒的顏色」之設計

接下來再回頭談談陽明文庫舊藏本的《百人一首》。圖47的這張歌牌寫有小野小町的和歌，屬於上聯的讀牌：「櫻花的顏色衰褪了，在春天漫漫的雨勢中（花の色はうつりにけりないたづらに）。」畫面上呈現小

圖46　尾形光琳〈燕子花圖屏風〉（局部），江戶時代（18世紀），根津美術館藏

野小町的肖像畫，以及上聯的文字，特別是「うつりに」的「に」，字體甚為曼妙。取牌的部分則只寫有下聯：「我的美貌也衰褪了，在苦戀與世間諸事的煩擾中（我が身世にふるながめせしまに）。」文字流暢而靈動。其他的版本也相當精彩，例如由定家所選定、收錄的《小倉百人一首》，從桃山時代直至江戶時代廣為流傳；還有光琳所繪製的《光琳百人一首》，不只是上聯的讀牌，連下聯的取牌都有圖案，大受好評，有機會不妨自行尋找、參考。

這些和歌集在不同年代大為盛行，爾後也發展出以普羅大眾為對象，帶有幽默、揶揄意味的模仿作品。圖48為江戶時期的範例，畫面上寫著「小の小町」、以及「花兒盛開的上野山，我等迫不及待打開便當速嘗鮮（花のころはさかりにけりな上野山わが身弁当開きせしまに）。」正如現在每到櫻花盛開的季節，龐大的人群也會湧入上野賞花、吃便當。這種模仿作品的推出，也說明了小町的和歌確實廣為人知，否則就失去意義與趣味性了。總而言之，人們非常熟悉自《古今和歌集》以來的這種傳統，同時不斷地傳承下去。

圖49則是由明治時期的畫家青木繁所創作的歌牌，上頭寫有同一首和歌：

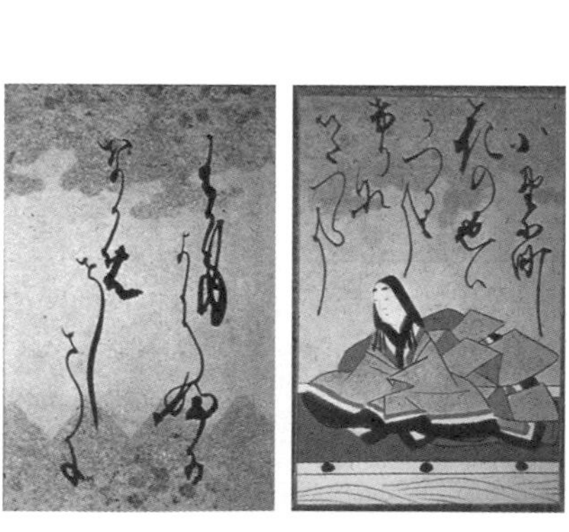

圖47 《百人一首》小野小町取牌、讀牌，江戶時代（1660～70年左右），陽明文庫舊藏本

「櫻花的顏色衰褪了，在春天漫漫的雨勢中。」文字的筆觸相當引人入勝。青木繁畢其一生創作了不少和歌歌牌，並流傳後世。

圖50則是現代畫家的作品。作者為靜岡縣出身、於東京藝術大學任教的木津文哉。在「花兒的顏色」這首和歌上方，掩映了栩栩如生的綠葉，使得部分文字不易閱讀，但若細看，很快便會知道這是小町的和歌。雖然整體乍看是先將文字書寫在紙張上後黏貼，其上再覆蓋樹葉，但實際上這全部都是繪製出來的，為一幅極盡逼真的趣味作品。可見繪畫與文字的共存，直至現代依然延續。

上・圖49　青木繁〈插畫歌牌〉，1904年
下・圖50　木津文哉〈遙遠的思念〉，2003年

圖48　〈江戶百人一首〉中的小野小町，江戶時代滑稽模仿，1731年左右

文字與圖像各自獨立——西洋的文字設計

在西方，對於文字與圖像又是如何編排處理呢？根據米歇爾．傅柯[29]指出，自文藝復興以來，繪畫與文字是截然不同的兩個領域，毫無交集、疊合的狀況。只有中世紀的《聖經》或是編年史，對於封面以及扉頁繪[30]的圖案設計費盡心思，相當講究。圖51可以從畫面上看到明顯的「IN」字樣，這是《約翰福音書》開頭的原理論述（inprincipium）之簡寫，四隅則繪有福音書記錄者的肖像，屬於扉頁繪。至於本文部分，文字與裝飾則各自獨立。

圖52是十九世紀丁尼生的詩集，一般被稱為《莫克森版詩集》，當中與畫家聯手合作，加入了許多精彩插圖。以〈夏洛特之女〉（*The Lady of Shalotto*）這首詩為例，詩歌的部分由活字組合編排，文字上方則由前拉斐爾派的畫家霍爾曼．亨特（William Holman Hunt）負責插圖繪製，圖像與文字很明顯地各自獨立。該版本的詩集中，也有同為前拉斐爾派的知名畫家羅塞提（Dante Gabriel Rossetti）所描繪的插圖，文字部分與圖像部分依然是彼此分開的。可見西方的

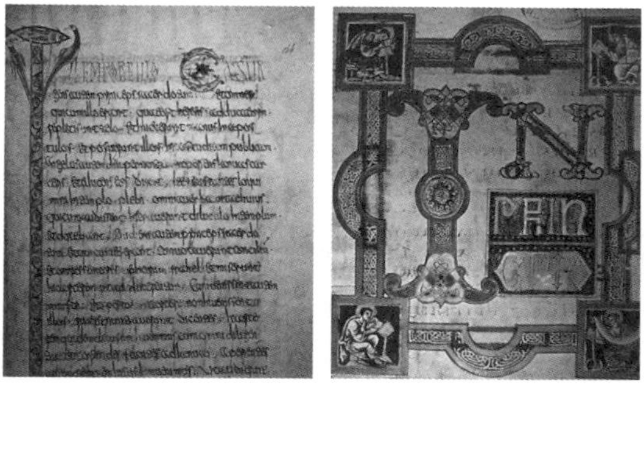

圖51　中世紀寫本的扉頁繪（9世紀）與本文頁（7世紀）之範例

插圖與文字，顯然隸屬於不同的領域。

開始思考將文字與圖像融合的則是威廉・莫里斯（William Morris），由他所創設的柯姆史考特出版社（Kelmscott Press）製作了圖53的書籍，確實充滿了裝飾性。但仔細觀看，會發現圖像裝飾大多以圍繞著文字方塊為主，或者是將頁面字首的字母進行花式文字設計，文章與裝飾仍然是個別獨立的存在。像日本一樣將圖像與文字渾然結合的例子，在西方是難以尋覓的。

歐洲首度將文字與圖像視為一體加以充分結合的案例，要追溯到十九世紀末一八八〇年代首次出版的日本和歌集《蜻蛉集》的法文譯本（圖54）。其中一頁收錄了蟬丸的著名和歌：「這就是鼎鼎大名的逢坂之關。無論是從京都遠行的人還是歸鄉的人，認識的人、不相識的人，大家都在這裡告別、邂逅（これやこの行くも帰るも別れては知るも知らぬも逢坂の関）。」左邊的頁面描繪著蟬丸的肖像以及逢坂之關，日文版的原文也以散書的形式錯落編排；右側的頁面是法文翻譯，畫面布滿一整列飛翔的蜻蜓，穿插較大字體的法文翻譯，以及較小字體的羅馬字譯，作者的名字「蟬丸」則隱藏於蜻蜓之中，隨處分散。承襲了日本人將繪

圖52　霍爾曼・亨特繪製"The Lady of Shalott"，莫克森版《丁尼生詩集》，1862年收錄

圖53　威廉・莫里斯《G・喬叟作品集》，1896年，和洋女子大學媒體中心圖書館藏

畫與文字融合一體的設計，法國在十九世紀末首度出現了類似的創舉。

這本翻譯詩集的扉頁設計也相當有趣。《蜻蛉集》指的是「蜻蜓之歌」，而著手扉頁繪的，是當時旅居巴黎的日本畫家山本芳翠。停留在法文書名板上的蜻蜓，在翅膀部分寫著「蜻蛉集」，連「明治二十五年」的年號都以日文書寫。也就是說，法國一直到十九世紀末，才終於有了文字與繪畫合而為一的表現。

為此大受震撼與啟發的，則是法國象徵派的代表詩人馬拉美（Stéphane Mallarmé）。馬拉美有一首享譽盛名的詩歌，叫作〈骰子一擲〉，在法國當時被評論為嶄新前衛的嘗試。這首法文詩歌的文字忽大忽小，也刻意留下許多空白，以類似日本散書的感覺進行文字配置與版面設計。日本人行之千年的事情，法國人到了近代才首度嘗試，並被譽為「充分嶄新而前衛的嘗試」，由此可見日本如是的特色具有極大的意義。

圖54 《蜻蛉集》扉頁與本文，1882年

漫畫的文字與圖像

再來看看日本與西方在漫畫領域的圖文表現。比方說以美國大眾漫畫為原點，由美國普普藝術家李奇登斯坦（Roy Lichtenstein）所創作的作品「*Sweet Dreams, Baby!*」，畫面中出現了「pow（啪）」的擬聲詞。在日本，若是偶爾翻閱孩子曾經閱讀過的漫畫《賽道之狼》（サーキットの狼），也可以看到以平假名標示、誇大粗魯的「哈哈哈／嘎嘎嘎」笑聲，透過文字表現聲音的誇張與激烈。類似這種文字的使用方式，當然也存在於歐洲的大眾漫畫裡；例如手槍發射後，就會以文字表現「砰」的巨大聲響。然而，日本不只表現聲音，連無聲狀態也會以假名加以表現。這種做法讓外國人相當困擾，例如先前提到的《賽道之狼》，其中有一個分格畫面特意寫出了「ピタッ」這幾個表示絲毫不差、完全吻合的平假名。這在英文稱為「onomatopoeia」，但在此並不適合翻譯為「擬聲詞」，因為「ピタッ」是無聲的表現，所以只好勉強翻譯為「擬態語」。這在日本相當常見。

另一個例子則是魔夜峰央的漫畫作品《巴得利奥》（パタリロ！）。我向女兒借來閱讀，也在裡面發現像是滑行貌「スルスルスル」、急速貌「スウ」等類似的表現方式。

最極端的例子之一，是石乃森章太郎的漫畫作品《龍神沼》的一個分格畫面，似乎再怎麼翻轉都無法順利翻譯成其他語言。日本漫畫在國外博得極大的人氣，因此石乃森先生的作品也被大量翻譯，但是這個分格畫面的寂靜無聲貌「シーン」卻實在翻不出來。大部分外國的文字本來就是表音文字，所以無聲的文字表現無法成立，自然也無法翻譯。據說韓文翻譯同樣束手無策，可見日本仍有其特殊性。最後翻譯的版本只好將類似文字全數刪除，雖然僅靠圖像也能傳達寂靜無聲的狀態，但不得不說，日本對文字的使用非常巧妙而傳神。

這或許可以解讀為日本人特有的體感，會反過來將無聲之物以聲音表現，例如歌舞伎便會使用太鼓表現下雪的情境。太鼓本身有著各式各樣的表現方法，在戰爭的場面會激烈打擊出「咚咚」（ドドーン）的聲音，下雪的場景則會輕慢地敲擊出「嗵、嗵、嗵」（トン、トン、トン）的聲響。這其實相當不可思議，因為下雪的夜晚本來就寂靜無聲，卻能藉由太鼓的輕敲聲讓人感受到靜默的意境。這是日本人特有的觀感，在外國相當罕見。在我看來，其他國家的戲劇音效，都以重現實際的聲音為主。

這種日本獨有的特質一直持續到現代。日本昭和時期的版畫家棟方志功依據柳宗悅的詩集《心偈》進行版畫創作，圖55的〈梅香滿溢雪紛飛〉便是其中一例，一手包辦了文字與圖像。此外較為出名的，則是志功與吉井勇攜手合作的版畫作品：「祇園終究是讓人戀戀情深之處。即便就寢，也能聽見枕下的潺潺清流。」由於志功與吉井勇私交甚篤，因此將吉井勇三十一首詩歌以版畫創作並集結成冊，題為《流離抄》，無論是繪製、上色還是文字，皆由志功獨攬。

由於《流離抄》大受好評，作家谷崎潤一郎也邀請志功一起出版版畫集，其中一篇如下：「細數著石梯漫步，散落在少女衣袖上的，可是山櫻朵朵。」這是谷崎的詩歌，畫面上即刻有谷崎潤一郎的名字。谷崎其實是個頗具現代美感之人，所以與志功合作的作品不乏摩登時尚氣息，正如圖56所示，其文字內容如下：「錦帶橋上，儷人三姊妹並肩而立，任人欣賞攝影（三人の姉と妹ゐならび

圖55　棟方志功〈心偈板畫柵・梅香滿溢雪紛飛〉，大原美術館藏

て写真とらすなり錦帯橋の上）。」

換句話說，日本直至二次大戰後的現代，作為審美意識體現的詩歌與文字，依舊與繪畫持續緊密地結合。

圖56　棟方志功〈歌歌板畫柵．錦帯橋之柵〉，大原美術館藏

1 譯注：僅使用「へ・の・へ・の・も・へ・じ」七個平假名，模仿人臉畫出圖案的文字繪（見圖a）。

2 譯注：唐納德・基恩（Donald Lawrence Keene），一九二二年出生於美國的日本文學、日本文化研究者，漢字名為鬼怒鳴門，是致力於將日本文化介紹給歐美的代表人物。

3 譯注：萬葉的時代，意指《萬葉集》出版的年代，時間約為七世紀後半到八世紀後半葉。《萬葉集》是現存日本最早編纂的和歌集。二〇一九年五月一日新繼位的日本德仁天皇，其年號定為「令和」，出處便是《萬葉集》。

4 譯注：小野小町，為平安時代（九世紀左右）極具代表性的女流和歌詩人，在《古今和歌集》序文中被尊奉為六歌仙之一。

5 譯注：源實朝，鎌倉時代前期（約十二～十三世紀）鎌倉幕府第三代征夷大將軍，也是知名的和歌詩人。

6 譯注：卑彌呼，三世紀左右的日本女王。根據中國史書《魏志倭人傳》等記載，是倭國的女王，國都設置於邪馬台國，封號為親魏倭王。

7 譯注：菅原道真，日本平安時代（九～十世紀）的貴族、詩人與政治家，擅長漢詩與和歌。死後被尊奉為天滿天神，現今以學問之神為一般人所熟悉。

8 譯注：須佐之男命，日本神話的神明，是天照大神的弟弟。由於為非作歹激怒了天照大神，於是將他禁錮，之後被逐出天界。須佐之男命後來墜落凡間的出雲，擊退了八岐大蛇，解救了奇稻田姬，並從大蛇尾端取得天叢雲劍，獻給天照大神。

9 譯注：田子之浦，指駿河灣海岸一帶。

10 譯注：華茲華斯（William Wordsworth，一七七〇～一八五〇），是英國具有代表性的浪漫派詩人。由於深愛英格蘭西北部的湖區，寫下許多純樸卻又熱情洋溢、讚美自然的詩歌，並以七十三歲高齡榮獲桂冠詩人的榮耀。

11 譯注：丁尼生（Alfred Tennyson，一八〇九～一八九二），維多利亞時代的英國詩人。作品以優美的措辭與絕妙的韻律著稱，在日本也深受喜愛，作品廣被閱讀。

12 譯注：還曆，是指日本人年滿六十歲的慶祝儀式。日本人會在二十歲時舉辦盛大的成人式，到了六十歲作

圖a 文字繪

為第二個人生階段的出發，會舉辦還曆式以茲慶祝。壽星本人會穿著紅色的羽織背心，頭戴紅色的帽子，紅色代表除魔避邪，意味著回歸出生之時的嶄新人生。

13 譯注：色紙，即日本自古以來用於書畫創作的媒材。通常為近似正方形的厚紙，有時會框上金邊，有的也會在紙張其中一面撒上金粉或銀粉，以增加裝飾性、提升奢華感。

14 譯注：風鐸，佛堂或佛塔屋簷四個角落垂吊的金鐘造型，通常為青銅製。

15 編注：原文為「武者返し」，由於熊本城的城牆十分陡峭、難以攀登，讓敵方的武士只能鎩羽而歸，因而得稱。

16 譯注：墨壺，中文稱為墨斗，又稱線墨，為木工用以彈線的工具，在泥、石、瓦等相關行業中為不可或缺之工具，傳為魯班所發明。

17 譯注：掛詞，和歌修辭法的一種，使用一個同音的字，卻讓詞語同時包含兩種意思。例如「あき」的發音，同時指涉「秋」（秋天）、「飽き」（厭倦）兩種意思。

18 譯注：日本將《百人一首》所收錄的和歌製作成歌牌，作為遊戲之用。分成上聯的「讀牌」與下聯的「取牌」，由吟唱者唸出手中持有的「讀牌」（某一首和歌的上聯），參與遊戲的人則從大量排開的「取牌」中選取、搶答對應的下聯。

19 譯注：切妻屋頂，是擁有兩個大斜面的屋頂樣式，狀似將書本翻開後倒趴在桌面上的山形（見圖b）。

20 譯注：入母屋屋頂，在中國傳統建築稱之為歇山式屋頂。除了上述切妻屋頂的正反兩個大斜面外，連側邊也有屋簷，總共四邊。大屋簷的形狀是長方形加梯形，側邊則是三角形的破風下方加上梯形的屋簷（見圖c）。

21 譯注：咸臨丸，為幕府末年海軍所擁有的一艘初級軍艦，於荷蘭製作完工。屬於配備三桅帆的蒸氣船，作為幕府第一艘往返太平洋兩岸的艦船而廣為人知，主要用作練習艦。之後參加了新舊勢力的內戰戊辰戰爭，因為性能劣於其他軍艦，明治政府接收後作為北海道開拓的運輸船使用。「咸臨」一詞取自《易經》，指君臣相互之間感情親密之意。

22 譯注：伊勢神宮的建築樣式稱為「唯一神明造」，其棟持柱（位於建物外部側邊，用以支撐屋頂的結

圖b 切妻屋頂

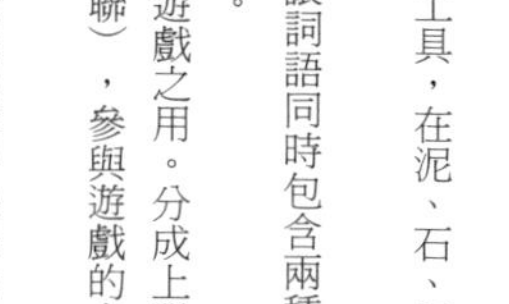

圖c 入母屋屋頂

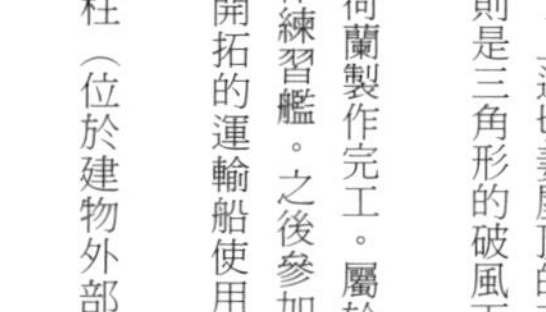

構）、橫樑與千木（位於屋頂側邊，交叉成X形的結構）的示意如圖d。

23 譯注：四曲一雙，指折疊式屏風四片構成一隻屏風，本作品由兩隻屏風組成一雙，故稱四曲一雙。

24 譯注：桃山時代（一五七三～一六〇三），是安土桃山時代的簡稱，指日本歷史上由織田信長與豐臣秀吉掌控大權的時代。名稱源自織田信長的居城安土城，以及豐臣秀吉的居城伏見城所在的桃山丘陵地區，是歷史學家慣用的時代名稱。

25 譯注：濃尾地方，指岐阜縣（美濃）西南部、愛知縣（尾張）西北部、再延伸到三重縣北部的平原地帶。

26 譯注：遊女，指在風花雪月場所工作的煙花女子。

27 譯注：蒔繪，一種日本漆器的傳統工藝技法。在漆器的表面以漆繪製出圖案、紋樣、文字，在未乾之際，撒上金、銀等金屬粉末，讓圖文在器面上定型的技法。

28 譯注：衣桁，即懸掛和服的衣架，通常使用細瘦的木材，組成類似鳥居造型的家具。

29 譯注：米歇爾・傅柯（Michel Foucault，一九二六～一九八四），法國知名的哲學家。其知名著作《詞與物》（*Les Mots et les choses*）當時的副標題設定為「結構主義的考古學」，因此被奉為結構主義的旗手，但傅柯自身否定這種分類法。正確地說，他嚴峻地批判結構主義，爾後被歸類為後結構主義者。

30 譯注：扉頁繪，是指西洋書籍翻開第一頁時，與右邊的標題紙相對應的左側插圖頁。

圖d

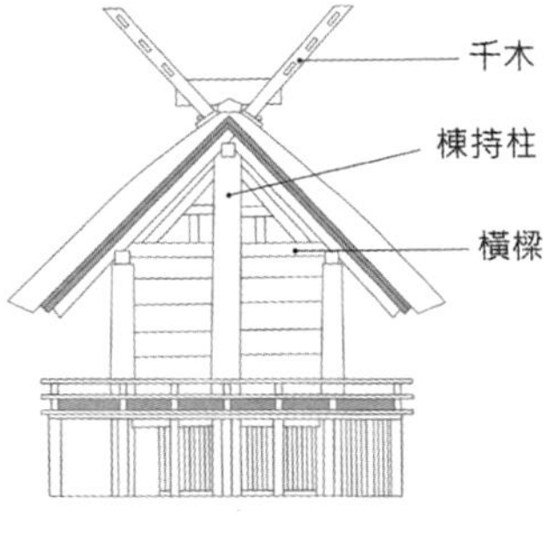

II

日本的美與西洋的美

東方與西方的邂逅——

日本與西洋繪畫中關於表現樣式的諸問題

被發現的日本審美意識

在一九〇六年六月號《美術情報》（*Gazette des Beaux-Arts*）[1]所刊行的莫內訪談「克勞德·莫內的〈睡蓮〉」中，這位以睡蓮著稱的畫家，針對他鍾愛的日本美術，做了以下的談話：

如果無論如何都渴望知道作品的泉源為何，那麼其中之一，便是希望能與昔日的日本人進行連結。他們稀有而充滿洗鍊感的興趣、品味，總是深深地魅惑著我。以陰影隱喻存在，以局部演繹整體的暗示性美學，深深地擄獲我的心。

十九世紀後半葉，隨著浮世繪、屏風畫、插畫書、陶瓷器、家具等日本美術品大量輸入至歐洲，除了成為收藏家、鑑定家深感興趣的對象，同時也為當時以印象派為核心的新世代畫家如馬內、莫內等人，帶來創作樣式上的影響，這些都是眾所皆知的事實。莫內有一幅著名的作品，題為〈日本女人〉（*La Japonaise*）。他在這件作品中嘗試描繪了一位身穿日本和服的法國女性，而這位女性便是莫內的妻子卡蜜兒。莫內在上述訪談中所提到的陰影與局部所構成的美學思維，正是他在日本藝術家的諸多作品中所發現、挖掘出來的特質。與其說這是單純的異國情調所蘊含的魅力，不如說莫內在日本美術特有的表現樣式中，發現了與自身作品類似的共通性。

對於這個新發現的日本美術中所蘊藏的審美意識，除了莫內以外，也受到當時許多人的提倡。法國的美術評論家歐內斯特．切斯諾（Ernest Chesneau）是最先對日本美術表達高度興趣的人之一。他在一八六九年的演講中提及，日本美術有三個基本的特質，分別是非對稱性、樣式性以及多彩性。此外，他亦在一八七八年的美術評論〈巴黎中的日本〉一文中指出，藝術家與愛好者對於日本美術的狂熱，源自於「構圖的意外性、形態的巧妙性、色彩的豐富性、繪畫效果的獨創性，以及為了達成這些效果，使用單純繪畫手段所引發的讚嘆性」。也就是說，深受竇加、梵谷、高更、羅特列克、波納爾所喜愛的日本美術，不單只是因為奇特主題所內含的異國風情性備受好評——雖然這一點確實扮演了重要的角色——而是日本美術所體現的單純化的樣式性更令人讚嘆，而且它在爾後所有西方新的藝術表現樣式中一再顯現。無庸置疑地，真心接納日本美術的西歐人，從中找到了過往的西洋美術主流所缺少的一些特質。

日本導入西洋繪畫技術的歷史

正如同西方畫家歡欣鼓舞地接納日本美術，十八世紀西洋繪畫被介紹到日本時，當時幸運目睹西洋範本（以版畫與書籍插畫為主）風采的畫家們，對於日本繪畫所缺少的遠近法、明暗法等寫實手法讚嘆不已，於是開始費盡心思學習與嘗試。

無須贅言，日本最早與西歐世界接觸可以追溯到以葡萄牙、西班牙為中心的西歐傳教士搭船來訪的十六世紀。圖1是被統稱為「南蠻屏風」的作品，製作於十七世紀初，作品名稱若是懷著對歐洲國家的敬意翻譯的話，名為〈西歐人的來航〉，但如果忠於原題，則是〈南方蠻人的來航〉。畫面左側可見抵達港口的船隻，右邊則描繪著西歐訪客的行列。雖然繪畫樣式屬於日本原有的形態，但對外國人的描寫卻可以說是嶄新的現象。然而，日本與「南蠻」的蜜月期沒有持續太久。

由於德川幕府發布基督徒禁令與鎖國政策，與南蠻的交流與景象很快就被拋諸腦後了。一直要等到十八世紀後半葉，西洋的繪畫技法才真正導入日本。一般認為在導入的過程中，歷經了四個階段。

第一個階段，是十八世紀末到十九世紀中葉啟動開國政策的時期。這個階段剛好與德川幕府實行鎖國的時期相疊合，但當時的日本正如許多人指出的，並非

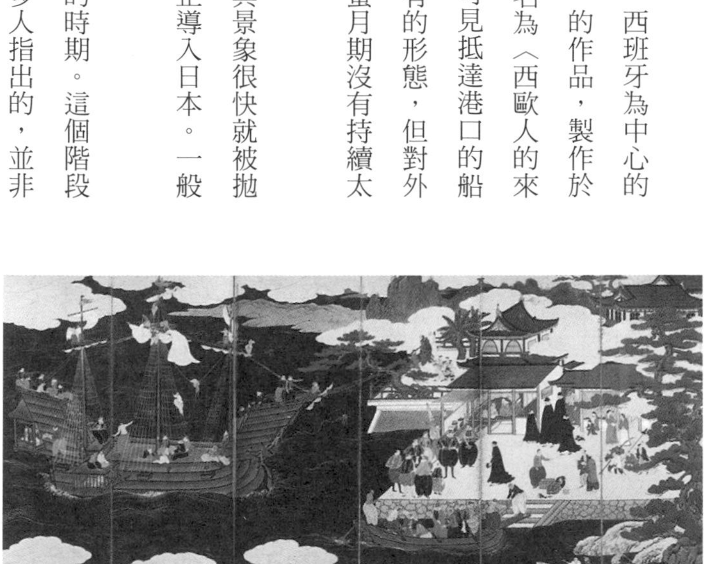

圖1　傳・狩野山樂〈南蠻屏風〉（右隻），桃山時代，三得利美術館藏

處於完全孤立的狀態，而是開放九州的長崎小港與荷蘭商人進行有限的貿易活動。小田野直武、司馬江漢等充滿好奇心與知識渴望的先驅者，便是透過當時輸入的書本、版畫，學習西歐繪畫的表現技法。這些畫家也從各方面關注西歐社會，同時促使為數眾多的學者、作家、技師一同投入荷蘭學問的學習，與日文裡稱為「蘭學」的知識性活動有了密切的互動。

例如，名畫〈不忍池〉（150頁）的作者小田野直武，就曾參與編輯日本首部刊行的解剖書的其中一冊。該部解剖書於一七七四年從荷蘭文翻譯成日文出版，由直武負責高達二十頁的詳細解剖圖繪製以及封面設計（圖2）。雖然封面設計基本上是忠實模仿原書，但顧及書籍審查偏向保守嚴謹之故，所以將男性左手的位置及其他小地方做了些許變更，十分耐人尋味。

日本導入西歐繪畫技法的第二階段，則是自培里率領美國艦隊來航，強行要求日本開國同時與西歐締結通商條約的一八五四年起約二十年的時間。此時正值幕末至明治初期的動亂期，雖然尚有諸多限制，但與西歐人的直接接觸化為可能，甚至還有少數畫家千里迢迢遠渡歐洲，前往西歐繪畫的發祥地學習正統技

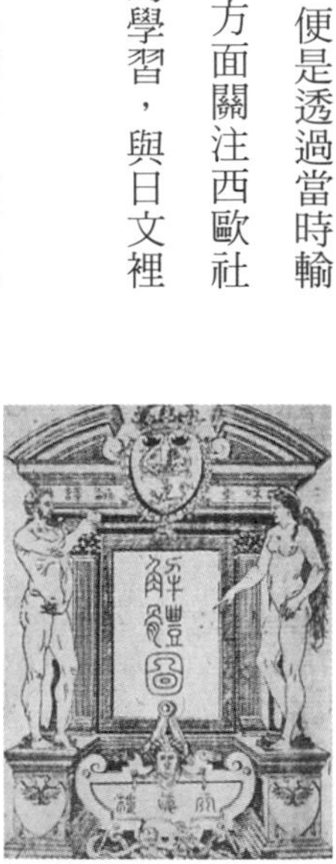

圖2　小田野直武《解體新書》封面，1774年

圖3　高橋由一〈鮭〉，1887年左右，東京藝術大學藏

法。〈鮭〉（圖3）的作者高橋由一，正是此時期最具代表性的傑出畫家之一。

第三個階段為從一八七六年開始的約二十年左右，當時在政府主導下，設立了作為東京工部大學校附屬機關的工部美術學校，並招聘三位義大利指導者前來日本。這個時期首度由外國人教師推展正統且體系化的美術教育，特別是在義大利政府推薦下受日本招聘的杜林美術學校前教授安東尼奧・馮塔聶西（Antonio Fontanesi），其教學方法與課程內容對於該領域的發展有著決定性的影響。雖然馮塔聶西停留日本的期間只有短短兩年，工部美術學校也於一八八三年關閉，但是他帶來的深遠影響甚至反映在整個明治時期的洋畫創作上。在此附上一張馮塔聶西的作品（圖4），以及其弟子小山正太郎的作品〈仙台之櫻〉（圖5）。

第四階段則始於一八九六年，負笈法國學習九年的黑田清輝正好在這一年回到日本任教於東京美術學校，在新創的西洋畫科擔任教授。至於東京美術學校則成立於稍早的一八八七年，是取代工部美術學校的機構。〈讀書〉（圖6）、〈菊花與西洋婦人〉都是清輝留法時期的作品，特別是前者還入選了法蘭西藝術學院沙龍展，獲得極高的榮譽與評價。黑田清輝所提倡的新樣式，與馮塔聶西之弟子

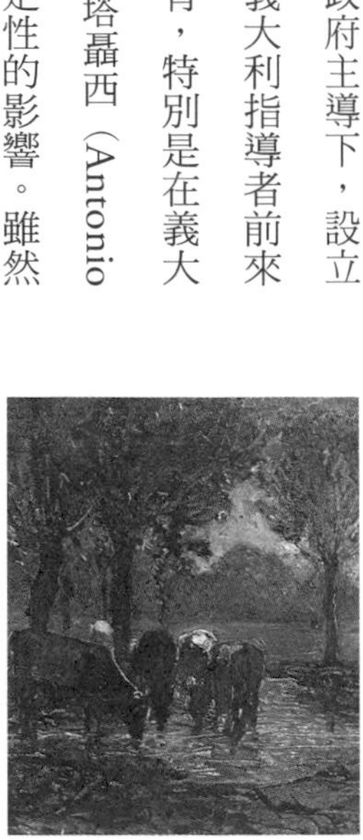

圖4　馮塔聶西〈牧牛圖〉，1867年左右，東京藝術大學藏

圖5　小山正太郎〈仙台之櫻〉，1881年，新潟縣立近代美術館藏

傳承的流派迴然而異，日後更成為日本洋畫的主流。

綜上所述，西歐與日本之間的距離自一七七〇年代以降，歷經一個多世紀的時間，逐漸消弭、拉近。在每一個階段裡，日本的藝術家從不同的國家獲取養分，而對於國家的選擇也反映出各個時代的歷史情勢，值得咀嚼玩味。

換句話說，在實質上呈現鎖國狀態的第一階段，荷蘭作為唯一的貿易對象，自然成為最重要的國家。舉凡藝術家、知識階層都致力於習得該國的學問知識，同時也透過荷蘭學習西歐的歷史與文化。而在第二階段，日本因為英美的強硬要求無法避免開國的命運，於是英美兩國也在這個階段扮演了重要的角色。此時最為傑出的知識分子之一便是福澤諭吉，他先在大坂學習荷蘭文，後來前往橫濱時卻因為無法看懂招牌上的英文感到困窘，於是發憤圖強努力學習英語。從荷蘭文切換成英文也可說是這個時期日本對於西歐文化接納形式上的轉變與特徵，在美術的世界裡，亦能看到相同的趨勢。〈鮭〉的作者高橋由一曾師事《倫敦新聞畫報》（*The Illustrated London News*）的特派員查爾斯・華格曼（Charles Wirgman），學習油彩畫技法；而與由一同輩的畫家國澤新九郎，則於一八七〇至七四年間在倫

圖6　黑田清輝〈讀書〉，1890～91年，東京國立博物館藏

敦學習西洋畫，返國後創辦了日本首座教習洋畫技法的私塾。國澤死後，弟子本多錦吉郎接管營運重任，並將私塾命名為彰技堂，授課內容以國澤從英國帶回的技法書加以翻譯的日文版本為主，包含解剖學書籍、風景畫、肖像畫的理論書籍等等。在這些資料當中最值得注目的，即《R氏繪畫講義錄》。這本書於一八九〇年在日本出版，也是日本讀者認識約書亞·雷諾茲[2]卿最初的契機。

第三階段發端於工部大學校附屬美術學校的創立，理所當然地是以馮塔聶西的祖國義大利作為藝術核心，在他的課堂上，主要提及的都是提香、丁托列托、圭多·雷尼等義大利的畫家。至於跟上當時西歐畫家的腳步，開始將法國、特別是巴黎視為藝術重鎮，則要等到黑田清輝登場的第四階段。

透過以上的所有階段，特別是前兩個階段，日本藝術家對於西歐繪畫的關注主要聚焦於再現的手法。西洋繪畫利用平面媒材創造出三度空間的幻影令他們為之神往，並且永不停歇。在這方面，當時最傾心於西歐、才華洋溢的畫家司馬江漢，曾於一七九九年出版的《西洋畫談》中明確敘述：

> 和漢的畫法無法善盡真實的描繪。因為畫球體時，主在勾勒輪廓線以形成彈丸之狀，然中心隆起之量感無法巧妙呈現。繪製正面肖像時，無法掌控鼻子中心高挺之處的立體描繪。繪畫，無法只依靠畫筆進行線描，還要慮及光線、陰影的存在……

無須贅言，司馬江漢所提及的不完全性，其實就是充滿平面性、欠缺量感與陰影的色彩——而這些正是西歐瘋狂追求日本主義浪潮的要因。也就是說，其實西歐、日本都是相同的狀況，吸引藝術家的不僅止於對遠方異國風情的嚮往，而是至今未曾知曉的嶄新藝術表現。以下，將針對這兩種不同的表現樣式，嘗試進行分析與定義。

兩種表現樣式

為了有效解說這兩種表現樣式，進行幾組作品的對照、比較，應該更有助於

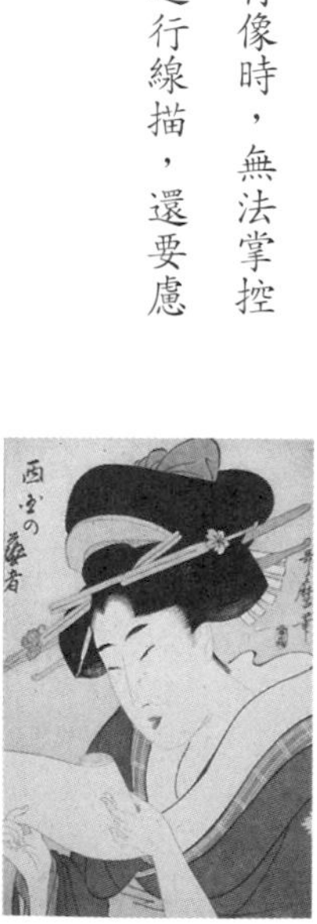

圖7　喜多川歌麿〈西國的藝伎〉

圖8　達文西〈蒙娜麗莎〉，1503～19年左右，羅浮宮藏

理解。圖7是浮世繪畫家喜多川歌麿的作品，圖8則出自達文西，兩圖皆為描繪女性之姿的肖像畫。相較於〈蒙娜麗莎〉（*Mona Lisa*）徹底表現出三度空間的幻影，日本的作品完全停留在二度空間，不僅沒有立體塑形，也不使用明暗法。接下來再比較一下主題類似的作品，這兩件同樣都是從背面描繪映照於鏡中的女性姿態（圖9、10）。構圖的方式幾乎相同，其一致性之高甚至令人懷疑兩者的關聯性，但是在表現樣式上卻完全迥異。圖9這件描繪可愛女孩安東尼．埃貝爾的肖像畫，目前收藏於日本的私立美術館，米勒（Jean-François Millet）在畫面中，將厚重的沙發、帶有豪華裝飾的鏡框、華美的窗簾等背景全數忠實再現；另一方面，圖10歌麿的作品則屏除所有附屬的題材，只專注於首要主題的女性與鏡子，且同樣完全不嘗試任何的立體塑形或是明暗法。女性臉部僅以輪廓線呈現，絲毫不見類似安東尼．埃貝爾肖像的光影效果。即便如此，歌麿還是成功創造出極度洗鍊、優雅的構圖。文藝復興時期的建築師萊昂．巴蒂斯塔．阿爾伯蒂（Leon Battista Alberti）在一四三六年出版的著作《論繪畫》（*On Painting*）當中如此描述：

圖9　米勒〈安東尼．埃貝爾的肖像〉，1844～45年左右，村內美術館藏

圖10　喜多川歌麿〈姿見（鏡前）七人化妝〉

我幾乎一貫認為，對於在各種面向上無法理解光影強弱的畫家，是平庸無才的。更進一步說，無論是博學家也好，不學無術的人也罷，我讚揚的是彷若雕像，似乎將從畫面一躍而出的立體臉龐，批判的是只能勉強稱得上素描藝術的扁平面容。

然而，如果阿爾伯蒂知曉歌麿的婦人像這類作品，或許多少會改變見解吧！

捨去法（減法）的美學與放大特寫的手法

接下來的兩件作品，雖然同樣都以「舞蹈」為主題，在表現樣式上卻截然不同。圖11是十七世紀的日本作品，其最大的特徵在於畫家大膽排除中心人物以外的全部要素，雖然極盡細緻地描繪服飾，卻完全沒有針對背景或場面賦予任何暗示。我們甚至連畫中場所究竟設定在室內還是屋外都無從得知。相對地，現存於柏林，由華鐸（Jean Antoine Watteau）所作充滿魅惑感、完成度極高的這幅作品〈圖12〉，則讓任何觀賞者都能精準掌握畫中女孩所在的場景。在這個牧歌式的田園風光裡，可見幾位年幼的牧羊小童，有人欣羨讚嘆女主角，有人吹著笛子，巧妙使用光影的細部描寫一目了然。正如先前曾舉出歌麿的例子，日本的藝術家會排除附屬的、非必要的要素，只傾向聚焦在首要主題的描繪上。這種對於藝術的純粹、專注態度，或許可以定義為「捨去法（減法）的美學」。

酒井抱一的〈夏秋草圖屏風〉（圖13），正是「捨去法（減法）美學」的秀逸之例。如果與倫敦國家藝廊館藏的康斯塔伯（John Constable）之作〈史特拉福的磨坊〉（*Stratford Mill*，圖14）相比較，會發現康斯塔伯將自然界所有的要素——雲層、陽光灑落的大地、河川、岩石、樹林等逐一再現，讓整體風景彷彿在觀賞者眼前一覽無遺。與之相比，酒井抱一除了兩個首要的意象，其他的要素全面省略。細緻描繪的草花被極端地置於畫面的前景，右上方則繪有樣式化的蜿蜒水流（在此稍作補充，此部分採用了由上方眺望的鳥瞰視點），除此之外沒有任何地面、原野、天空的描繪，僅以銀泥鋪陳整個背景。

圖11 作者不詳〈舞蹈圖〉，17世紀，三得利美術館藏

圖12 華鐸〈舞蹈〉，1719年左右，柏林繪畫館藏

類似的差異性，在以下兩件作品的樹木描寫上也能得到印證，分別是狩野永德的〈檜圖屏風〉（圖15），以及現存於倫敦國家藝廊，荷蘭畫家麥德特・霍伯瑪（Meindert Hobbema）所描繪的〈米德爾哈尼斯的林蔭道〉（*The Avenue at*

上・圖13　酒井抱一〈夏秋草圖屏風〉，推測為1821年，東京國立博物館藏

下・圖14　康斯塔伯〈史特拉福的磨坊〉，1820年左右，倫敦國家藝廊藏

Middelharnis，圖16）。在此日本的作品同樣滿覆金色背景，樹幹上部與其說是被畫家排除在外，更像是被畫緣切斷一般。日本藝術家偏好使用的「放大特寫」效果，其實反映出捨去法（減法）美學的另一個面向；遵循這個美學價值的藝術家，並不避諱類似於《源氏物語》的場面繪製法，即為了表現室內情境，甚至會排除天花板、屋頂等遮蔽物（圖17）。這種手法被稱為「吹拔屋台」[3]，是日本畫獨有的特徵。這部分若是與西班牙畫家委拉斯蓋茲（Diedo Velazquez）收藏於馬德里的作品〈侍女〉（*Las Meninas*，圖18）互相對照，便能明確掌握其差異性，只因後者展現了完美而精確的室內空間構成。

下一個例子則是都市景觀圖。圖19是十六、十七世紀在日本相當興盛的以「洛中洛外圖」[4]為題的屏風畫；圖20則是十七世紀荷蘭畫家維梅爾（Johannes Vermeer）所描繪的〈台夫特風景〉（*View of Delft*）。兩者都描繪了都市的景觀，

上．圖15　狩野永德〈檜圖屏風〉，1590年，東京國立博物館藏

下．圖16　麥德特．霍伯瑪〈米德爾哈尼斯的林蔭道〉，1689年，倫敦國家藝廊藏

但是明確的差異性不言而喻。荷蘭的作品立基於幾何學透視法的構圖，帶給觀者佇立於定點眺望城市的印象；至於日本的屏風畫整體由各式各樣的建築物所覆蓋，隨處可見金色的雲彩鑲嵌、綴飾，彷彿從上空鳥瞰都市。維梅爾的作品以三度空間的景深讓人印象深刻，〈洛中洛外圖〉則具有強烈的二度空間平面性。

說明捨去法（減法）美學最後的範例，便是素描作品。如果誠如阿爾伯蒂在《論繪畫》所提到，「藉由白與黑的完美調和運用，就能明確表現出對象物體的立體感」，那麼單色的素描更能突顯這兩種不同表現樣式的差異性。圖21是完全仿效西歐學院派傳統所描繪的裸婦像，縝密的陰影描寫與晦暗的背景鋪陳，強化了身體各部位的渾圓量感，是幅帶給觀者彷若真人般逼真感的習作。至於圖22則完全不使用陰影，利用簡略、快速、自由的筆法勾勒山河、小舟、穿著蓑衣的漁夫、捕魚網等，呈現出素樸的鄉村風情。有趣的是，前者完全秉持西洋風格的裸婦像其實並非西歐畫家的作品，而是二十世紀初於巴黎朱利安學院學習的日本畫家安井曾太郎所畫的素描；另一件日本風的素描則出自法國畫家之手，即享譽盛名的亨利·德·土魯斯·羅特列克（Henri de Toulouse-Lautrec）。

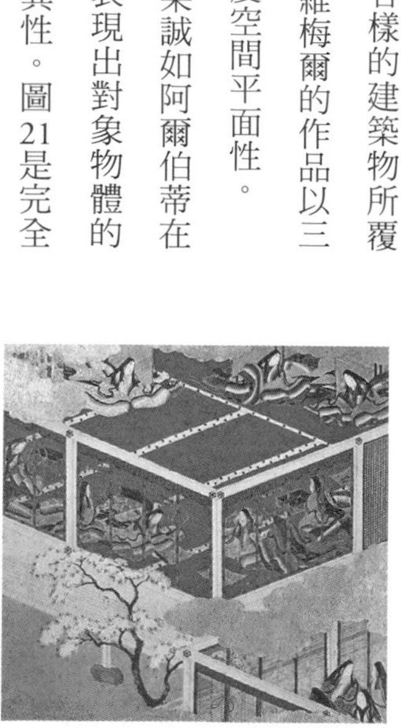

圖17〈源氏物語圖繪·夕霧〉，平安時代（12世紀），五島美術館藏

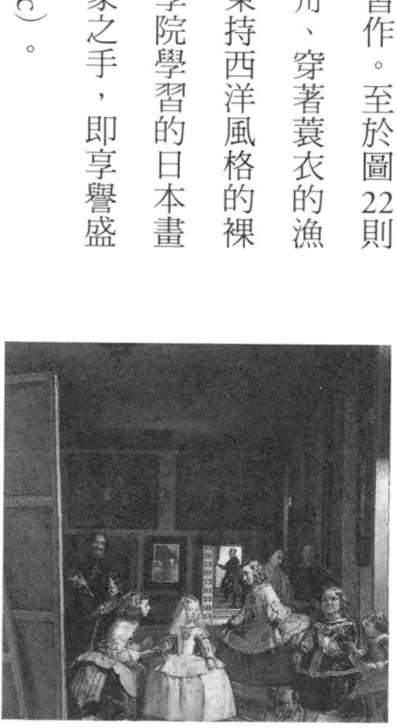

圖18 委拉斯蓋茲〈侍女〉，1656年，普拉多美術館

上・圖19　狩野永德〈洛中洛外圖〉上杉本（局部），室町時代，上杉博物館藏

下・圖20　維梅爾〈台夫特風景〉，1660～61年左右，海牙莫瑞修斯美術館藏

圖21　安井曾太郎〈裸婦像〉

圖22　羅特列克　速寫

表現樣式原則的比較

依據上述的觀察基礎，在此我想針對西歐與日本的表現樣式，進行基本思維與原理原則的考察。

十九世紀後半葉馬奈等印象派畫家崛起前，西歐繪畫固守著自文藝復興以來的寫實、擬真主義傳統。阿爾伯蒂在《論繪畫》這本著作中，針對畫家的使命做了以下的定義：

我認為畫家的任務應該如下所述。在被賦予的畫板或牆面上，無論對象物為何，掌握其各個面向，以擬真的線條加以描繪並且上色。如此一來，當我們與畫面中心保持一定距離，站立於中央位置眺望畫面，會發現對象物立體浮現，與實際物體同樣具備凹凸或量感，就像是看見實體一樣逼真。

簡言之，即利用遠近法、量塊體積法、明暗法，讓二維的畫面演繹出三維的立體空間。與阿爾伯蒂幾乎同時代的畫家羅希爾・范德魏登（Rogier van der Weyden）的作品〈描繪聖母子的聖路加〉（*Saint Luke Drawing the Virgin*）便是印證這種思維的絕佳範例。如圖23所示，利用遠近法使得畫面空間產生景深，同時運用量塊感、陰影表現以及明暗法，再現人物及物體的光影效果，進而營造出立體感。這些都是畫家在平面上創造出三度空間情境時使用的基本手法。

另一個例子則是與阿爾伯蒂同時代的畫家范艾克（Jan van Eyck）的作品〈年輕男性的肖像〉（*Portrait of a Man*，圖24）。畫家對於人物外表的摹寫十分成功，而我們也會被畫面下方的石碑銘文深深吸引，甚至以為這並非描繪，而是真正的石雕。現實世界的實物與擬真再現的物體不存在明確界線，這種創造完全幻影的力量，自古以來便被視為繪畫最重要的資質之一。古希臘的文學家菲洛斯特拉托斯（Philostratus）曾在其著作《畫像論》中提到於拿坡里見到的納西瑟斯[5]畫像，並針對畫中點綴的白色花卉如此描述道：

圖23　范德魏登〈描繪聖母子的聖路加〉，1435～40年，波士頓美術館藏

這幅畫非常寫實，甚至可以清晰見到自花瓣滴落的露珠，以及花朵上停留的蜜蜂。究竟是真實的蜜蜂被畫中之花矇騙前來，還是我們誤以為畫中的蜂兒是真實的蜜蜂，我實在無從知曉。

還有一個例子，是古羅馬作家老普林尼（Gaius Plinius Secundus）在其著作《博物誌》裡，記述兩位畫家宙克西斯與帕拉西烏斯比賽繪畫的故事。

根據紀錄顯示，這位競技者（帕拉西烏斯）與宙克西斯一同參加了一場競賽。宙克西斯創作了一幅與真實葡萄極為相似的精彩畫作，甚至讓鳥兒不禁飛向畫作中的建築物；另一方面，帕拉西烏斯在會場描繪了一幅寫實的布幔，因為鳥兒的舉動而洋洋得意的宙克西斯於是要求對方將布幔掀開，想要一睹簾幕隱藏下的畫作。當宙克西斯發現自己誤判，便以值得讚許的

圖24　范艾克〈年輕男性（Timotheos）的肖像〉，1432年，倫敦國家畫廊藏

謙遜美德將榮譽讓給了帕拉西烏斯。宙克西斯說，我雖然矇騙了鳥兒，帕拉西烏斯卻騙倒了身為畫家的我。

這裡提到的作品都並未保存至今，實際上，菲洛斯特拉托斯在前文詳細描述的納西瑟斯的畫像，很有可能根本不存在。然而，這些相關敘述顯然證明了他們正如阿爾伯蒂等西歐的畫家，都認為繪畫不只是單純的描寫藝術，更是一種矇騙的藝術。而從目前為止我們看到的許多範例，可以發現西歐畫家為了達成這個目的，也確實發明了各種效果卓越的手法。

相較之下，日本的畫家就完全不會利用幻影再現三度空間的世界。不僅如此，他們尊重媒材所具有的平面性，甚至傾向加以強化。但必須強調的是，日本畫家並不是沒想過重現現實世界，而是運用截然不同的方法達成這個目的。圖25是同屬〈洛中洛外圖〉主題的另一件作品，乍看之下是充滿裝飾性與樣式化的畫作。然而，如是的特色並不會妨礙空間以及對空間構成的暗示。諸如此類的屏風雖然極其複雜，但它們藉由明確的空間構成得以讓觀者眺望城市整體風貌，正確地呈現出眾多寺廟、宮殿以及其他建築物的位置關係。為了在平面上展現城市的外觀以及各種建造物的位置，比起風景明信片，平面式的地圖更能彰顯效果。相較於西歐的繪畫具有將空間景深以視覺幻象表現的寫實性，日本的屏風雖然採用的方法大相逕庭，卻也不遑多讓地以合理的方式再現城市的光景。兩者的差異在

圖25　傳・岩佐又兵衛〈洛中洛外圖〉舟木本（左隻局部），17世紀，東京國立博物館藏

本質上，其實源自從不同的位置觀察對象物體。

遠近法、明暗法等西歐技法，是以如同攝影般於某個特定瞬間及視角捕捉對象物體為前提。透過這些繪畫技法，將畫家與對象物的距離藉由形態與色彩的差異化，展現在畫面上（例如利用彩度的明暗或是冷暖調性的色差）。

這類的表現樣式，會將前景的人物繪製得比遠景的人物還大，但這並不代表該人物格外巨大。此外，遠景人物的服飾之所以比起前景的人物描繪得模糊曖昧，也不是在表現遠景人物穿著髒污的衣服。寫實主義呈現的效果，必須在理解如是的前提下方能成立。

無庸置疑，如果畫家的位置改變了，所有人事物的位置關係也會跟著改變。如果畫家在描繪畫中人物時，每每都移動到每個對象物的旁邊，那麼所有的人物將被以同樣的強度、大小描繪出來，這麼一來西歐的遠近法就無法成立了。〈洛中洛外圖〉其實正是採用這種概念繪成，畫家在城市裡自由地移動，觀察店鋪或是街上的人們，甚至以最近的距離凝視細描，然後在屏風上依序排開。換言之，畫家不採用固定的單一視點，而是以複數視角捕捉都市的各個片段，再將結果並置於畫面上。這些片段的部分包括人物的面容、衣飾的細節，全都以同樣的強度鮮明描繪，讓人無法掌握畫中人事物彼此之間的距離感，賦予了觀者一種平坦的印象。

畫家自由移動的視點，不只是透過水平移動帶領我們概觀都市的景物，也會藉由垂直移動，明確傳遞各個場所或是主題的樣貌。針對構成京都基本都市結構的家屋與社寺建築，採用了從高處往下俯瞰的視點，這種方法其實與我們的日常經驗不謀而合，是傳達都市的空間構造最有效的方式。然而，這些建築物的正面部分或是路上的行人，卻是從水平方向視點加以捕捉、描繪的。

這種視點的移動是日本繪畫中極為常見的手法，不妨再舉兩個範例加以說明。圖26是繪製於十二世紀的〈源氏物語繪卷〉的一節，可見室內的情景由上方俯瞰，人物則是從一般的水平視點加以表現。另一個例子是十八世紀後半鈴木春信散發著優美魅惑情調的浮世繪作品，描寫了江戶笠森神社入口的知名茶屋（圖27）。由於當時三大美女之一的小仙在此工作，因而成為家喻戶曉的茶屋。畫面中央年輕的美女小仙以及客人、婢女皆以水平視點加以描繪，然而背景僅畫出呈

圖26〈源氏物語繪卷．鈴蟲二〉，12世紀，五島美術館藏

現對角線的石板小徑，其上矗立著象徵神社入口的鳥居，而且僅有下半部。水平方向視點的人物像以及從上端俯瞰下方的背景圖，儘管理論上存在矛盾，卻藉由畫家巧妙的安排，讓整體的構圖得以保持協調。

一路檢視下來可以發現，日本繪畫與西歐文藝復興以來的傳統正好相反，創造出以自由移動的視點來觀察對象物，並且把這些結果並置於畫面的獨特手法。然而，這裡的「自由」絕非「任意」，而是畫家針對不同的對象找到最適合的視角並加以運用。前文提到，如果要概觀都市，從空中俯瞰是最簡單明瞭的方法；另一方面，為了以身形、臉部輪廓區別人物的不同，從水平方向觀察描繪是最清晰的角度；而都市的生活情景，從至近距離進行描寫則是最貼切的方式。將這些對象物逐一安置於畫面上的手法排除了依據形態規則縮小比例的原則，以及以模糊手法突顯距離感的原理，因此營造出所有人事物在畫面上廣為開展的印象。也就是說，西歐繪畫以強調畫面中的垂直、景深為特徵，而日本繪畫則著重於追求畫面的平行感與平面性。

這些日本與西歐在表現樣式上的歧異，或許可以解釋成兩者對於藝術所蘊含

圖27 鈴木春信〈笠森小仙〉

的哲學有不同的理解。西歐藝術將主體的畫家視為絕對之物，所有人事物都統御、臣服在主體的視點之下；日本的傳統則大相逕庭，它尊重客體——也就是被描繪的人事物——採用針對個別對象最適合的視點進行觀察與描寫。更進一步說，前者反映的正是將唯一中心點視為絕對價值的西歐一元思想，而後者則是允許同一個畫面擁有複數視點，即便存在矛盾關係，卻能彼此包容共存的日本多元文化思維。

日本美術作品所呈現的設計性

日本美術另一個重要的特色，是對於裝飾性價值的強烈偏好，而且顯然多數的情況都會採用將背景覆滿金泥的手法。然而，金色背景的使用除了營造華麗的裝飾效果外，其實與日本繪畫的兩個特質密切相關。第一是避免觀賞者涉入畫面的景深，以強調其平面性；第二是作為一種畫面形式，將不必要的東西加以覆蓋隱藏，藉此突顯首要的主題，也就是透過實踐前文提及的「捨去法（減法）的美學」，來達到構圖單純化的效果。例如俵屋宗達的〈舞樂圖屏風〉左隻（圖28），只畫出了松樹下半部以及六位表演者；尾形光琳的〈燕子花圖屏風〉（77頁）除了競相爭豔的燕子花，此外皆不作任何多餘的著墨。如果同樣的主題使用西歐傳統的寫實擬真風格去描繪，想必燕子花生長的池水、背景的天空都會入畫。然而，光琳將所有這些附隨的要素大膽捨去，除了燕子花，背景全數以單一金色覆蓋。透過這個方法，他得以創造出極為單純卻又豔麗的畫面。此外，大名鼎鼎的高山寺所藏的〈鳥獸戲畫〉以及享譽盛名的長谷川等伯的〈松林圖〉（185頁）等水墨畫，也都是明確展現捨去法（減法）美學的絕佳範例。

這種捨去法（減法）的美學，讓人聯想起十六世紀夙負盛名的茶人千利休的知名軼事。利休在自家庭院種植了當時相當罕見的牽牛花，他侍奉的主君豐臣秀吉得知後表示希望一睹風采，於是利休招待秀吉到家中作客。在約定當天的晴朗早晨，秀吉迫不及待前往利休家，卻發現院子裡的牽牛花全都被摘光了。秀吉雖然大為光火，但當

圖28　俵屋宗達〈舞樂圖屏風〉（局部），江戶時代（17世紀），京都醍醐寺藏

他被招待進入茶室之際，發現壁龕內插著一朵清新飽滿的牽牛花，令人難以移開視線，最後心滿意足地踏上歸途。

這則軼事說明了日本人的審美意識儘管偏好華麗的裝飾，但並非追求豪邁、全面性的妝點，而是能根據情況將不必要的東西加以拋卻、捨棄，擁有將事物單純化的抑制性要素。

如此看來，最能極致展現日本人審美意識的作品，大概非光琳的〈紅白梅圖屏風〉（圖29）莫屬了。這件以金地濃彩描繪的作品，可以說將日本的裝飾性原理發揮得淋漓盡致；不僅如此，還屏除了大地、天空、周圍的草地等要素，僅描繪出三個主要對象，因此也是印證捨去法（減法）美學的絕佳範例。若再仔細觀察，儘管主要題材不多，卻可以發現畫家使用複數的視點加以描寫。樹木是從水平方向繪製，水流是從斜上方以俯瞰的角度描繪；左方的白梅則展現了放大特寫的美學，僅描繪出靠近根部的一小截厚實樹幹，以及垂墜再反折的樹枝末端。

西方與日本這兩種迥異的表現樣式，或者說是兩種相異的傳統，究竟是以何種形式邂逅、交會呢？作為日本的例子，在此我將以司馬江漢的作品來說明。如

圖29　尾形光琳〈紅白梅圖屏風〉，18世紀，MOA美術館藏

前所述，江漢是狂熱讚賞西歐文明的代表人物之一，但事實上他最早先學習了日本的傳統樣式，之後才傾心於西歐的表現手法，甚至揚言日本的繪畫與素描畫法根本是兒戲。他首先嘗試了銅版畫的技法，於一七九四年製作了〈畫室圖〉（圖30），還自豪地留下「日本創製司馬江漢」的署名。畫面中央描繪著面向畫架作畫的畫家身影，周遭則擺放著堆積如山的書籍、地球儀、圓規、印刷機等各種實驗用的器具，暗示著藝術活動是一種極具知性的行為。更有趣的是，江漢竟然還以宙克西斯的畫吸引鳥兒飛來啄食的故事為題材創作了一張油彩畫，只可惜這件作品已經散佚，僅存戰前翻拍的古老照片（圖31）。畫中以宙克西斯的畫室為場景，描繪著葡萄的畫作就擺放在立台上，而從窗外飛來的兩隻小鳥企圖啄食畫中葡萄的光景，讓宙克西斯與友人驚嘆連連。對西歐文化讚賞不已的江漢，更在作品中於宙克西斯畫作的下方以荷蘭文署名「Kookan Schildert, A.D. 1789」，而這個舉動正說明了江漢企圖與這位古代寫實派畫家並駕齊驅的雄心壯志。

圖30　司馬江漢〈畫室圖〉，1794年，神戶市立博物館藏

圖31　司馬江漢〈宙克西斯與小鳥〉

然而，就算是如江漢這般傾心於西歐派並具體實踐的畫家，仍無法輕易捨棄潛意識中身為日本人與生俱來的直覺與感性。圖32為江漢描繪著一男一女樣貌的油彩畫，當中人物的服裝、裝飾品無疑都是純然的西洋風格，但是人物後方伴隨著樹木的構圖，卻是依循日本的傳統構圖方式，更甚者，這般垂直瘦長的構圖形式，讓人不禁想起日本的掛軸。

其實江漢在作品完成前，習慣先製作幾張習作，而這些習作更是嚴謹地遵從西歐的傳統樣式。舉例來說，某一張習作並非以樹木為背景，而是描繪了西洋風格的建築物，並且有荷蘭文的銘記（圖33）。在這之前的其他練習作品，不僅沒

上・圖32　司馬江漢〈異人風景人物圖〉，1789～1801年，神戶市立博物館藏

下・圖33　司馬江漢〈船員圖〉

採用垂直瘦長的畫面構圖，背景比起平面更是畫上了強調景深的西洋風——更精確地說，應該是荷蘭風——建築物（圖34）。這件作品除了某些日本獨特的筆觸以及江漢的落款外，完全找不到日本式的要素，如果沒有江漢的署名，幾乎會被認定為西歐畫家所描繪的作品。事實上，這件作品忠實地臨摹了一六九四年於阿姆斯特丹出版的卡斯帕．萊肯父子銅版畫集《人類的職業》裡頭的插圖（圖35）。江漢確實擁有這本畫冊，只不過在插畫的摹寫過程中，本能地將西洋的作品轉換成日本式的構圖。

類似的轉換同樣能以江漢的油彩畫〈木桶製作〉（樽造り，圖36）作為例子。該作品也是他先忠實摹寫前述畫集裡頭的插畫後才創作的油彩畫，完成的版本比起插圖原畫明顯橫向比例加長，暗示了日本屏風的構圖形式，並增添被畫緣裁斷上半部的樹幹，以及往右下伸展的垂墜枝椏。

至於西歐與日本藝術的邂逅，則促成了十九世紀後半葉極為重要的「日本主義」風潮。關於這個現象其實廣為眾人所知，就不在此贅述。然而，我不禁希望讀者能再次想起本文開頭所引用的莫內的訪談。熱愛日本美術的莫內這麼說：

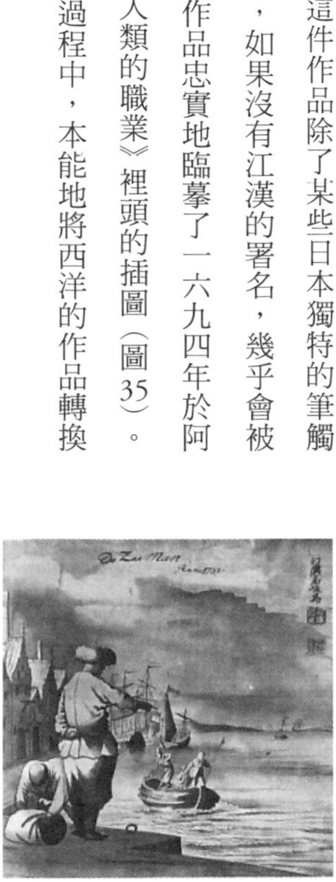

圖34　司馬江漢〈船員圖〉，1785年

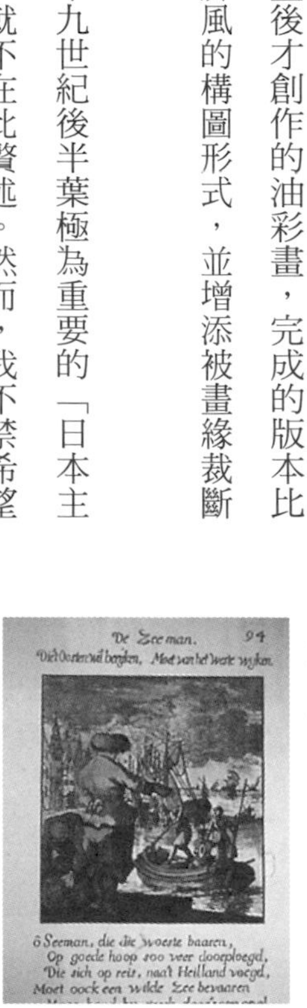

圖35　卡斯帕．萊肯父子《人類的職業》〈船員〉，1694年

「以陰影隱喻存在，以局部演繹整體的暗示性美學，深深地擄獲我的心。」莫內的描述完全一語道破日本美術的核心，做了最完整的詮釋。有鑑於日本人的作品同樣展現了對西方的理解與影響關係，我想至少可以確信的是，東方與西方確實相會了，而且是立基於真誠理解的相互交融。

※本文原以法文撰寫，日文版由橋本啟子與著者共譯。

圖36　司馬江漢〈木桶製作〉，1793~96年，東京國立博物館藏

1 譯注：《美術情報》（*Gazette des Beaux-Arts*），一八五九年於巴黎創刊，至今仍持續出版，是歷史最悠久的月刊美術雜誌。以實證的科學態度進行探討，樹立權威地位，持續刊行傑出的論文以及美術評論。

2 譯注：約書亞．雷諾茲（Sir Joshua Reynolds，一七二三～一七九二），洛可可時期的英國畫家，同時也是皇家藝術學院第一任院長。以沉穩高雅的畫風為人所知，留下許多知名的英國肖像畫作品。

3 譯注：吹拔屋台是一種掀開屋頂、天井的鳥瞰式構圖法，也就是無頂房屋的特別畫法。

4 譯注：洛中洛外圖，是指描繪京都市街（洛內）與郊外（洛外）景觀或風俗的屏風畫。具有文化史與學術價值，因此至今累積不少從美術史、建築史、都市史與社會史的觀點所進行的研究成果。

5 譯注：納西瑟斯（Narcissus），是希臘神話中河神刻菲索斯與水澤神女利里俄珀之子。納西瑟斯長相俊美，但他的宿命是不能看到自己的容貌，否則無法長壽。他讓全希臘的女性為之傾倒，自己卻是無動於衷。某次納西瑟斯打獵歸來，在池水中偶然看見自己俊秀的臉龐，於是他愛上了自己的倒影，無法從池塘邊離開，最終憔悴而死，並在他死去的地方長出了一株水仙花。顧影自憐的水仙花，後來成為「自戀」這個詞彙的語源。

和製油畫論

一

明治四年（一八七一）十一月，政府特命右大臣岩倉具視為全權大使，成立了規模甚大的遣外使節團（即所謂的岩倉使節團）自橫濱出發，首先渡美訪問各大都市後，於翌年明治五年七月轉移至英國，針對以倫敦為首的各地方城市進行深度訪問與調查。由久米邦武編纂，記錄了使節團詳細足跡的《米歐回覽實記》在第三十九卷〈「切斯特」州之記〉當中，提到了同年十月七日參訪史塔克頓「『閔頓』氏公司之製瓷廠」的相關內容。當時閔頓公司生產的瓷器品質優異，獲致極高的評價。在這篇鉅細靡遺地詳述閔頓公司特有的製瓷技術的記述當中，有一段耐人尋味的文字：

此工廠有著從日本輸入的畫作兩幅，以此為範本，仿效日本的畫法。西洋人的畫工自然流露出油畫的氣質、習性，繁縟細節盡失，因為保有注意陰影光線的習性，所以即便模仿日本畫法，還是難掩其癖好的痕跡。猶如日本人學習西洋畫，陰陽遠近法盡失乃一般的通病。[1]

這篇文章是非常珍貴的資料，說明且印證了明治初期英國工藝深受日本美術的影響。它不僅是日本主義風潮影響所及的具體實例，值得注意的是文中甚至明確指出接納異文化時所伴隨的問題。也就是說，英國畫工在模仿日本圖樣的同時，仍無法避免在不知不覺間受到油畫習性的影響。同樣地，日本在嘗試導入西洋畫之際，「陰陽遠近法」的表現勢必不夠周全、完整。儘管無法得知這個評論究竟是指誰的作品，但人們確實意識到與長久以來的日本繪畫截然不同的西洋繪畫，其最主要的特質在於「陰陽遠近」，即陰影法、明暗法、遠近法等表現技法，這一點請大家銘記在心。

原則上，排除十六世紀後半至十七世紀所謂的「南蠻時代」，若是回顧江戶時代晚期至明治末年，即十八世紀後半到二十世紀初西洋繪畫被接納的歷史，大致上可以將其歷程分成四個階段。第一個階段，由於德川幕府實施所謂的「鎖國政策」，日本人被嚴格禁止前往西方或是與西洋人交流，也就是開國以前的時期。此時日本人關於西洋畫的知識，幾乎受限於以長崎作為窗口輸入的書籍，以及書本中的圖片。然而透過這些有限的情報與範本，秋田蘭畫[2]的小田野直武、佐竹曙山、司馬江漢等先驅者仍積極學習西畫的表現技法，特別是日本繪畫所欠缺的遠近法、陰影衍生的量塊、體積法等立體表現方式，並留下不少應用案例與理論書籍，奠定了明治維新後西洋畫導入的重要基礎。

第二階段，是安政元年（一八五四）開國以來，一直到明治政府開設工部美術學校的明治九年（一八七六）之間將近二十年的時期。在這段期間，幕府成立了洋書調所（爾後改為開成所）畫學局一類的西洋畫研究教育設施，歷經千辛萬苦準備油畫顏料、畫布、畫筆等材料與用具，並陸續迎來專攻油畫的高橋由一、五姓田義松等洋畫家的登場。

緊接著第三階段，是工部美術學校聘請義大利的安東尼奧・馮塔聶西成為官方僱用的外國人教師，展開正式的西洋畫教育，直到明治二十九年（一八九六），同樣約莫是二十年左右的期間。馮塔聶西在日本只待了短短兩年，工部美術學校也於明治十六年（一八八三）面臨廢校的命運，但這段期間推展的正式西洋畫教育，依然催生了不少有為的洋畫家。

然而在此之後，回歸傳統的風潮大行其道，明治二十年（一八八七）設立的東京美術學校（即現在的東京藝術大學）排除西洋畫技法，僅以日本的傳統畫法為教學內容，就連國內外的博覽會徵件也全數排擠洋畫，使得洋畫進入「寒冬時代」。在此期間，包括在歐洲習畫的川村清雄、原田直次郎等洋畫家組成了明治美術會，在艱困的時局中持續創作。一直要等到明治二十九年（一八九六）東京美術學校才設置西洋畫科，並迎來黑田清輝擔任主任，開始邁入第四階段[3]。

本篇文章所提及的「和製油畫」這個聽來有點陌生的名稱，主要指的是在日本國內積極學習油畫技法，屬於第二、第三階段的畫家們所創作的西洋畫。如果借用明治三十年代媒體廣泛使用的詞彙，那便是相對於以黑田清輝為中心的「新派」，由「舊派」畫家們所創作的油畫。日本近代美術史截至當時，由於黑田的存在過於巨大，「新派」的活動受到極度關注，導致「舊派」雖然不至於被遺忘，存在感卻流於薄弱。儘管如此，他們的努力與功績絕對不應該被漠視；我之所以嘗試討論「和製油畫」的成果與歷史定位，正是源於此。當然，「舊派」畫家當中包含了極早便遠渡歐洲習畫的人，也有不少類似淺井忠到後來才渡歐增廣見聞、累積體驗的畫家。但在本篇文章中，為了突顯「和製」的特質，我將以畢生待在日本、未曾出訪西洋的洋畫家為主進行考察。這麼做也許能在導入與接納異文化的過程中伴隨而來的問題上有更多新的發現。

另外，在進行該課題的考察之際，關於對日本影響深遠的西洋，有兩點需要特別留意。第一點，雖然一律概稱為「西洋」、「西洋畫」，但在充滿動亂與變革的時代裡，其內容定義因狀況而異，會隨著時期而有所變動。日本開國以前的第一階段，完全是以蘭學為中心的時代，關於西洋的知識與資訊，幾乎都是透過荷蘭傳入日本；然而到了第二階段，在大坂學習荷蘭文的福澤諭吉來到橫濱，驚覺荷蘭文完全無法通用，於是發憤圖強重新學習英文，由此可見促成開國的美國、英國開始發揮其影響力。像是高橋由一、五姓田義松師事《倫敦新聞畫報》

的記者查爾斯・華格曼，還有從明治三年（一八七〇）遠赴英國留學四年的國澤新九郎於回國後開辦的畫塾彰技堂，也使用自英國帶回的技法書與理論書（翻譯版），英國在這個階段確實發揮了重大的功能。國澤逝世後，由承繼彰技堂的本多錦吉郎所翻譯之《油畫道志留邊》，詳盡解說油彩畫技法，也是具體實證。[4]至於第三階段，則將馮塔聶西的故鄉義大利視為西洋美術的原鄉，到了第四階段，改由黑田清輝汲取養分的法國成為當時日本畫家眼中的「西洋」。

第二點要留意的是，文藝復興以來長久作為「西洋畫」根柢的學院派傳統，也正好在這個時期面臨巨大的撼動。日本開國的一八五〇年代，正好是庫爾貝（Gustave Courbet）、米勒提倡之寫實主義崛起，與學院派相互抗衡的時期。當然，此時的學院派在社會上仍保有極大的權威，亦有不少日本畫家師從學院派。但如同黑田清輝師事的拉斐爾・柯倫（Raphaël Collin）的存在，顯示出學院派裡頭也滲透了印象派的革新表現。日本人奉為圭臬的「西洋畫」，本身其實也不斷在蛻變。

此外要留意的是，被日本畫家們視為西洋畫的主要特質並且加以狂熱讚賞的

「寫實（擬真）主義」，與西方在十九世紀因庫爾貝宣言而開展的「寫實主義」有所不同。[5]關於這一點，芭芭拉．貝爾托西（Barbara Bertozzi）在為一九九七年於杜林舉辦的「馮塔聶西展」圖錄撰寫的論文〈安東尼奧．馮塔聶西及他的日本體驗〉當中提到：「在歐洲，很少會使用『寫實主義』來說明馮塔聶西的繪畫，然而在日本，時至今日仍然將他界定為『寫實主義的巨匠』，這恐怕是因為對於當時的日本油彩畫世界而言，『寫實主義』指的並非某一時代的特殊樣式，而是如何將現實中的人事物擬真再現，是一種對於歐洲藝術理念的通盤指涉。」[6]

二

日本在開國以前，幾乎沒有接觸油彩畫實作的機會[7]，所謂「西洋畫」在當時主要指的是書籍的插畫或是版畫。因此，這時候的日本人畫家所發現到的西洋畫特質，並非濃厚的色彩或是對象物體的質感表現，而是《米歐回覽實記》中所提到的「陰陽遠近」之技法，即對象物體的立體表現與空間構成。事實上，不論是安永七年（一七七八）佐竹曙山執筆的《畫法綱領》，還是寬政十一年（一七九九）司馬江漢刊行的《西洋畫談》，當中都列舉了日本所沒有的西洋畫特色，例如從人臉正面往前方挺出的鼻子，或者是圓形與球體的差異等。對於油畫這個領域，他們算是擁有一些知識，曙山就曾於《畫圖理解》（安永七年執筆）一書中的「丹青部」詳述油畫的材料與組成，卻並未留下實作油畫的相關痕跡。

在日本，模仿西洋繪畫開始具體創作真正的油畫，則要等到第二階段，也就是明治以降的時代。五姓田義松記有明治四年（一八七一）年份的作品〈婦人像〉（圖1），算是早期的一個實例。這件作品在淺短受限的空間裡，描繪了背後襯著屏風、膝上置放攤開書本、端然而坐的女性正面肖像；使用陰影烘托出臉部立體感的筆觸尤其巧妙，說明了當時十六歲的義松藉由華格曼的教導，相當熟練於西洋畫的立體表現。同一時期，明治五年（一八七二）左右由高橋由一所繪製的知名作品〈花魁〉（圖2），臉部的表現雖然有些生硬，但藉由陰影突顯的量塊、體積表現相當明顯，呈現出立體感。然而，衣裳的部分則完全以平面方式捕捉，配合素面的背景，看不出景深的效果。在這方面義松也是如出一轍，同一個時期

圖1　五姓田義松〈婦人像〉，1871年，東京藝術大學藏

圖2　高橋由一〈花魁〉，1872年，東京藝術大學藏

的人物肖像，一方面有著完美的臉部立體表現，背景則都是素色且充滿封閉感。前述的〈婦人像〉由於背景的室內空間被與畫面平行的屏風遮蔽，亦無法顯示出充分的景深。如果說西洋畫法的特質是「陰陽遠近」技法，也就是對於對象物體的立體掌握、對於空間的三維構成的話，那麼此時由一與義松追求的則是「陰陽」而非「遠近」。直到義松進入工部美術學校就讀之後，才開始出現保有充分景深的三度空間表現。由一的部分則早在明治六至八年（一八七三～七五）便著手創作風景畫，實際前往現場訪查旅行而畫的〈相州江之島圖〉、〈江之島圖〉（圖3），都讓人感受到由一眼見為憑、精確犀利的洞察力。這個時期描繪的大部分風景畫，通常都採用超近距離的特寫來放大近景的草木或岩石（局部），並跳過中景直接連結到遠景，即所謂「近大遠小」的構圖法，如同先前的秋田蘭畫、歌川廣重的風景畫，都曾多次嘗試過類似的畫法。而由近至遠從統一的視角完整表現出連續的空間，則要等到馮塔聶西受聘前來日本後才有所進展。

高橋由一精確地觀察對象物體，將現實樣態逼真再現，最能淋漓盡致發揮他這種特色的，大概非靜物畫莫屬。在由一稍早的作品〈花魁〉中，便不難從插入

圖3　高橋由一〈江之島圖〉，1876～77年，神奈川縣立近代美術館藏

髮髻的龜甲平梳、為數甚多的髮釵、髮簪，還有束綁頭髮的點狀藍色布巾窺見他敏銳的觀察力與精緻的描寫力；其後，在以廚房用品、生活日用品為主題的靜物畫中，由一也展現了精湛的詮釋。他最大的特色，莫過於不遺漏任何細節的徹底觀察，以及對象物體躍然紙上的質感表現。例如金刀比羅宮所收藏的畫作〈豆腐〉（圖4），就好似能用手觸摸到板豆腐、燒豆腐與豆皮的不同質感，令人讚嘆。另外一件同樣收藏於金刀比羅宮的畫作〈鱈梅花〉（148頁），綑綁鱈魚的粗繩呈現出絕妙的毛躁粗裂感，讓人不禁想伸手碰觸。另外，被指定為國家重要文化財，收藏於東京藝術大學的畫作〈鮭〉（96頁），其剖開切除半身魚肉後的逼真質感，加上吊掛鮭魚的草繩所帶來的明確存在感，都是有目共睹的。然而，雖然所有的對象物體各具鮮明動人的存在感，卻都沒有對這些物體所擺放的位置、周圍的空間表現作出明確界定。這是因為畫家採用極端逼近對象物體的視點，也就是放大、特寫的手法，例如〈豆腐〉、〈鱈梅花〉採用了從斜上方俯瞰的構圖，畫家之眼與被描寫物體的各個部分幾乎維持等距，於是在構成全面性精緻描寫的同時，卻也出現否定景深表現的傾向，使構圖流於平面。這種傾向在〈卷布〉（圖

圖4　高橋由一〈豆腐〉，1876～77年左右，金刀比羅宮藏

5）這類作品中尤其明顯；由一以攤開的疊紙鋪滿畫面，唯一採用俯瞰視角的是疊紙上方的布捲，讓畫面充滿平面性。至於〈鮭〉，背景因為以木板遮蔽、阻斷空間，所以更不會有景深的處理。

另外，像是〈讀本與書法習字〉（圖6），從結合多個對象物體的構圖中，空間表現的不明確性更加明顯。換句話說，桌上的讀本、羽子板[8]採用了由上往下的俯瞰視角，燈籠則顯然是由下往上仰望，可見複數視點的共存關係。這使得懸掛的燈籠、書法習字與桌上靜物之間的位置關係少了明確的界定，也就是說，雖然運用多重視角細緻地描寫每一個對象物體，卻也因此導致空間內物體的相互位置變得曖昧難辨。但正是這種特殊的多重視點，構成了高橋由一初期靜物畫的特質與魅力。西洋的遠近法是採用單一視點捕捉所有的對象物體，透過掌握眼睛與被描寫體之間的不同距離，進而決定對象物體之間的位置關係；相較之

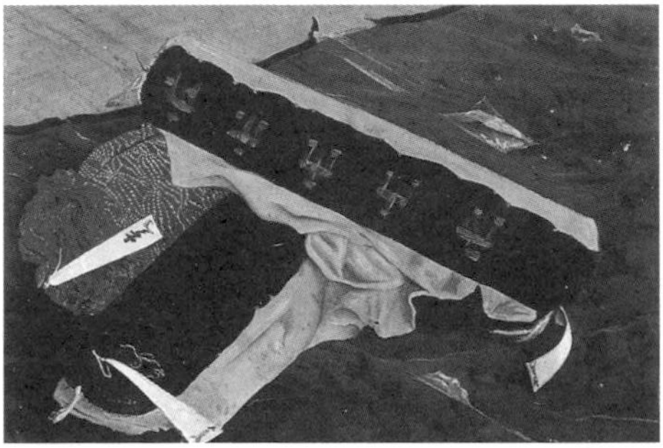

圖5　高橋由一〈卷布〉，1873～76年，金刀比羅宮藏

圖6　高橋由一〈讀本與書法習字〉，1875～76年，金刀比羅宮藏

下，由一作品中所擁有的獨特「寫實」表現，否定了視點的固定化，無視於距離感，始終緊密貼近對象物體。這種視點上的自由移動、近距離掌握對象物體細節的精密描寫，以及連帶產生的畫面平面化等特色，比起西洋繪畫裡一統性的世界，更近似於日本的〈洛中洛外圖〉與琳派的世界。身為明治洋畫的志士，高橋由一終其一生投注熱情學習西洋畫法，建構了日本前所未見的卓越繪畫境地。與此同時，他在本質上卻也承繼了江戶時代以前日本人對於事物的獨特觀點，以及各種精神與文化面向上的遺產。不少文章曾針對這個部分著墨分析[9]，而前述這些靜物表現所帶來的奇特視覺感受，也可以作為實例加以印證。

面對實際的創作，由一等人首先必須克服的，是調度最低限度的美術材料。畢竟當時是個油畫材料匱乏的年代，連最基本的畫筆、畫布等既成製品都很難入手。然而自工部美術學校開辦以來，不僅馮塔聶西帶來大量的顏料與繪畫材料，加上坊間對於洋畫的關注日益高漲，所以販售和製、舶來品的畫材店紛紛登場，這才終於演變成可以自由取得畫材的情況。例如明治十一年（一八七八）一月十日的《讀賣新聞》報紙就刊載了位於深川仲町的伊藤彩料鋪的廣告。廣告中以油畫、水彩畫各色顏料為首，同時列舉了畫布、畫筆、油類、洗筆筒、調色盤、石膏像等各品項，更註明「如右所述之外，和製與舶來品之油畫、水彩畫附屬用品日後將持續增補發售」[10]。由此可推斷此時調度畫材已非難事。

同一時期，明治十年（一八七七）八月舉辦了第一屆內國勸業博覽會，五姓田義松以〈阿部川富士圖〉參展，並獲得鳳紋獎。雖然該幅畫作現已散佚，但仍留下了義松參展時有關製作順序、畫材組成的說明文[11]。以當時名稱記載的材料與藥品名等讀來不易理解，但依據歌田真介的解說，首先以木炭繪製大致的草圖，再以鉛筆完成最終構圖，接下來將阿拉伯膠、雞蛋、燒酒、醋等適度調合，再與陶土攪拌後作為底色。這是為了防止上層顏料剝落所做的打底，雖然不清楚義松是否經常這麼做，不過馮塔聶西確實會採用同樣的程序，使畫作如〈不忍池〉一般擁有優異的耐久性。作畫的順序是從畫面上部的富士山開始，接下來描繪前方的靜岡市內，也就是由遠方至近景的順序作畫（現今幾乎沒有畫家採用這種作畫方式，不過據說由一也是這麼做）。畫作完成後靜置六十天左右，待完全乾燥再塗上豔油，也就是亮光漆，這才大功告成。[12]

就這些說明文字來看，義松（由一亦然）確實忠於西洋的傳統製作法並加以應用，而想必在工部美術學校學習的「舊派」畫家們也都是如此。這使得作品畫面普遍呈現些微的暗褐色調，相對於被稱呼為「紫派」的「新派」，「舊派」的畫家甚至因此被揶揄為「脂派」；但參與許多修復工作的歌田認為，就畫面的牢固性來說，「舊派」的作品遠勝過「新派」[13]。自從黑田清輝的「新派」蔚為主流，許多畫家傾向於嫌惡暗沉色調（這或許在另一種意義上也是日本人的獨特感性所致），有時甚至刻意使用不含油氣的顏料，導致畫面缺乏耐久性[14]。從西洋導入的油畫傳統技法，反而在「和製油畫」裡得以保留與存續。

三

忠實學習西洋傳統油畫技法的「和製油畫」畫家們，運用新習得的技術首先挑戰的課題，便是如實重現眼前所見的世界。例如高橋由一的靜物畫正是以身邊的廚房用具、日用品為題材，生動地再現對象物體的質感；當他參加畫塾天繪樓每月例行的油畫展時，以逼真的描寫力震懾全場，觀賞者紛紛讚嘆「彷彿見到實物一般」[15]。其後隨著馮塔聶西到日本展開教學，風景畫又增添了三度空間的立體表現[16]。金刀比羅宮所收藏的〈琴平山遠望〉（149頁），可清楚看到由一不僅細緻地描寫近景的草花，遠方的藍天還展現出廣闊無際的空間感；另一件畫作〈山形市街圖（山形縣廳前大道）〉則是利用照片，表現出精彩的遠近法（圖7）。然而，這些作品無論是風景畫還是靜物畫，都僅止於「眼前所見世界」的再現。

這樣的狀況，卻在明治十年代後半、特別是明治二十年代起，產生巨大的轉變。取代眼前現實的逼真再現，以過去歷史事件為主題的「歷史畫」開始大量登場。例如在明治二十三年（一八九〇）第三屆內國勸業博覽會中榮獲二等妙技獎的塚原律子〈清少納言詣初瀨寺圖〉、奪得三等妙技獎的佐久間文吾〈和氣清麿奏神教圖〉（圖8）、獲頒獎狀的岡精一〈山內一豐妻圖〉、本多錦吉郎〈羽衣天女〉（圖9）、五姓田芳柳〈鷺沼平九郎圖〉、印藤真楯〈古代應募兵圖〉、神中糸子〈紫式部幼少之圖〉等，都是以歷史題材作為畫題的作品[17]。其背景源自於當時的回歸傳統風潮，不僅美術界，社會上的各大領域都受到顯著的影響。工部

圖7　高橋由一〈山形市街圖（山形縣廳前大道）〉，1881～82年左右，山形縣所藏

美術學校之所以開辦七年便面臨廢校的命運，一方面肇因於政府的財政困難，另一方面也與費諾羅薩（Ernest Francisco Fenollosa）主導的重新審視日本美術價值、回歸傳統的運動有關。更廣泛地說，明治十年（一八七七）以明治天皇大和行幸為契機，正式推動「舊慣」保存政策，沿襲古例舊制，於是促成一連串文化遺產的保護與傳統創造事業的整合，包括大和古代天皇陵墓的確立、明治二十一年（一八八八）臨時全國寶物調查局的設置，以及明治二十三年（一八九〇）創建橿原神宮。而明治二十年以日本既有傳統技法作為教學內容的東京美術學校之設立，也毫無疑問地與這股趨勢息息相關。

然而不容忽視的是，這一連串的傳統回歸運動，並不只是明治初年全面歐化政策的反動，更不是出於懷舊復古的情懷。如同日本史學者高木博志公正的論述，由政府主導的一連串政策的背後，存在著岩倉具視、伊藤博文等人的意志與判斷，認為「立憲國家形成之際，為了躋身國際社會、成為一等大國，如同俄羅斯、奧地利、英國等王室擁有獨自的文化『傳統』，是不可或缺的一環」[18]。也就是說，這個時期的「回歸傳統」，絕不是單純的「反西歐化」或是「反近代

圖8　佐久間文吾〈和氣清麿奏神教圖〉，1890年，宮內廳三之丸尚藏館藏

圖9　本多錦吉郎〈羽衣天女〉，1890年，兵庫縣立美術館藏

化」，反而是為了能與西歐並駕齊驅，整備國家完整體制的「近代化」所必須努力的方向。在這層意義上，其實也與以鹿鳴館[19]為首的歐化政策互為一體兩面。明治二十一年，憑藉許多美術家齊心協力完成的明治新宮殿、翌年帝國憲法的發布、國會的開設，全部都是雙管齊下的成果。

在這樣的時期，對於日本歷史的關心急速升溫，似乎也是必然的趨勢。在明治十四年（一八八一）五月發布的「小學教則綱領」中尤其重視「歷史」，而且自此開始特別著重於學習日本史[20]。而帝國大學文科大學（現在的東京大學文學部）除了專門教授西洋史的史學科，也於明治二十二年（一八八九）特別成立了國史學科。知名的美術評論家岡倉天心更早一步看清了時代的趨勢以及「歷史畫」的重要性，於明治二十二年十月創刊的《國華》第一號的發刊致辭中，談到「論及本邦繪畫的要旨，發展遲緩的領域之一便是歷史畫」、「思考繪畫的未來性……伴隨著國體思想的發達，歷史畫為勢必振興的領域」[21]。受到天心這段論述的啟發，同年十二月大森維中在《美術園》發表了〈歷史畫的必要性〉一文，主張「現今尤為歷史畫必要的時刻」[22]。稍早的篇幅中提到，翌年的第三屆內國勸業博覽會（明治二十三年）有許多洋畫家挑戰創作「歷史畫」，其背景便是源自當時強大的回歸傳統趨勢，企圖以視覺化的表現形式向世界傳達日本作為近代國家的自我定位。

當然在這之前，日本並非沒有洋畫家對歷史表達強烈關心。然而不像西洋本來的歷史畫是以某個特定的歷史事件作為創作主題，日本洋畫家是將昔日人物的樣貌以一般民眾能夠理解的形式予以呈現，即所謂的「歷史人物畫」。包含印藤真楯的〈古代美人之圖〉（圖10）在內，洋畫的世界從對象物的逼真描寫，轉變成朝向更寬廣的世界開展，類似的例子並不罕見；然而，明治二十三年的內國勸業博覽會，針對洋畫主題的問題提出了明確的指引，自然相當值得注目。與博覽會同時期開辦的明治美術會第二屆大會，當時由外山正一發表的演說「日本繪畫的未來」引發了廣大迴響與熱切討論，可見這個議題在當時的重要性。[23]在日本近代美術史上這個時常被視為洋畫不振的時代，無論是歷史畫，甚至於風景畫、風俗畫的領域，這群奮力埋首於創作「和製油畫」的畫家們確實留下了許多豐碩的成果。

圖10　印藤真楯〈古代美人之圖〉，1890年，東京藝術大學藏

1 久米邦武編《米歐回覽實記（二）》，三五六頁（岩波文庫，一九七八年）。

2 編注：秋田蘭畫，指日本江戶時代的繪畫類型之一，揉合了西洋畫的構圖技法及日本傳統的畫材，極端的透視法對後來的浮世繪影響深遠。主要的畫家為久保田藩（也稱秋田藩）的藩主及藩士，又被稱為秋田派。代表性的畫家包括小田野直武、佐竹曙山及佐竹義躬等人。

3 關於四個階段的時代區分，請參照高階秀爾〈東西的相遇——日本洋畫的黎明期〉，《日本繪畫的近代——從江戶至昭和》（青木社，一九九六年）。

4 關於《油畫道志留邊》的具體內容、方法以及高橋由一技法等相關記述，可參考歌田真介《解剖油畫——從修復看見日本洋畫史》（日本放送出版協會，二〇〇二年），一〇六—一二二頁。

5 譯注：故譯者將這個廣泛意義的寫實主義，翻譯為寫實擬真主義，避免讀者混淆。

6 Barbara Bertozzi "Antonia Fontanesi. La sua esperienza in Giappone", *Antonio Fontanesi 1818-1882*, Galleria civica d' Arte Moderna e contemporanea, Torino, 1997, p.126.

7 唯一的例外，是由八代將軍吉宗特別訂製，於享保年間從荷蘭輸入到日本的威廉・范・羅延的油畫〈花鳥圖〉。這件作品後來寄贈給江戶本所的五百羅漢寺，成為該寺頗受好評的鎮寺之寶。

8 譯注：羽子板，是日本正月常見的遊戲用品兼傳統工藝，為長方形、帶有握柄、繪有圖案的木板，類似現今的羽毛球拍，概分成競賽用與裝飾用兩種。

9 例如：榊田繪美子〈關於高橋由一的兩三個問題〉，《美術史》一一五號（一九八三年十一月）、河野元昭〈高橋由一 來自江戶繪畫的視點〉，《幕末・明治的畫家們 在文明開化的夾縫間》（辻惟雄編，ぺりかん社，一九九二年）、河野元昭〈高橋由一 貝圖〉，《國華》一三三四號（二〇〇六年十二月）、古田亮《狩野芳崖・高橋由一》（ミネルヴァ書房，二〇〇六年）等。

10 參照石井研堂《明治事物起原》（日本評論社，一九六九年），三七一頁。

11 收錄於東京國立文化財研究所編《明治美術基礎資料集》（一九七五年）。

12 同註4，歌田著書，一〇四—一〇六頁。

13 同註4，歌田著書，八五頁以降。

14 當然，這並不表示使用明亮色調的顏料必然喪失牢固性。曾著手修復拉斐爾・柯倫〈白衣之女〉的歌田真介表示：「柯倫的油畫彷彿像漆一般，非常牢固。」同註4，歌田著書，一二二頁。

15 安藤仲太郎《明治初年的洋畫研究》、青木茂編《明治洋畫史料 懷想篇》（中央公論美術出版，一九八五年），五七頁。

16 由一本身雖然未曾在工部美術學校學習，然而他將兒子源吉送入該校就讀，而且經常與馮塔聶西會面。

17 依據《明治美術會報告》第六回、第七回相關內容。

18 高木博志〈一八八〇年代大和民族的文化財保護運動〉，《近代天皇制文化史研究》（校倉書房，一九九七年），二六四頁。

19 譯注：鹿鳴館，是明治時代位於東京日比谷由官方設立的社交場域。由英國建築師喬賽亞・康德所設計，並於明治十六年（一八八三）竣工，為一座磚式二層洋樓。當時的外交部長井上馨為了交涉、改正不平等條約的困境，經常在此邀請國賓與外交官員舉辦舞會、園遊會等，是當時歐化主義的象徵。爾後演變為華族會館，最終於昭和十六年（一九四一）遭到拆毀。

20 收錄於北澤憲昭編〈〈歷史・繪畫〉年表〉，「被描繪的歷史——近代日本美術裡的傳說與神話」展覽圖錄（兵庫縣立近代美術館、神奈川縣立近代美術館，一九九三年）。

21 《國華》第一號（一八八九年十月），二頁。

22 引用自《美術園》第十五號（一八八九年十二月三十日），三〇頁（復刻版《美術園》第二卷，ゆまに書房，一九九一年，三一〇頁）。

23 關於這部分，詳細內容請參照高階秀爾〈明治期歷史畫論序說〉，《西洋之眼 日本之眼》（青木社，二〇〇一年）。

感性與情念——支撐「和製油畫」的要素

距今超過四分之一世紀，龐畢度藝術中心於一九七七年開館後，我隨即以客座教授的身分獲邀前往，並開設了為期三個月的專題研討課程。參加的成員包括龐畢度藝術中心以及巴黎近郊各美術館的研究員，當中有幾位更於日後共同攜手策劃「日本主義風潮展」，但他們全都是西洋美術的專家，對於日本、特別是日本近代美術相當陌生，說起日本的畫家，除了藤田嗣治[1]以外別無所知。因此，在每次的專題研討課程中，我會先撥一點時間介紹日本近代美術的歷史。過程中讓我特別感興趣的，是法國人的反應。透過幻燈片、畫冊所介紹的作品，對他們而言幾乎都是未知的世界，很多畫家的名字也都是第一次聽到，換句話說正是在毫無任何預備知識的情況下直接面對作品。法國夥伴們的反應在某些部分算是預料之中，卻也有些反應超乎我的預期，這一點十分耐人尋味。提到日本的洋畫家，例如長期居留於法國，在當地學習油畫的黑田清輝、岡田三郎助、梅原龍三郎等人，可以想見他們會從歷史觀點檢視作品，探討法國畫家對於遠從異地而來的日本年輕畫家們究竟帶來什麼樣的影響；但面對高橋由一、青木繁、岸田劉生、小出楢重等人，法國人反而主動展現興趣並給予高度評價，讓我相當意外。這些畫家從未接受法國巨匠的直接指導，甚至除了小出楢重之外，其他人都沒有留歐的經驗。就連小出楢重在前往歐洲後也感到水土不服、難以調適，短短數個月便打道回府，返回日本。

當然，他們對於學習西歐繪畫的熱情與意欲不會輸給任何人。然而，這些畫家的作品中找不到如黑田清輝等留法畫家直接接受同時代法國畫家指導的痕跡。青木繁雖然因為參加黑田主導的白馬會展一夕成名，但是他的藝術涵養並非來自於白馬會的主流——印象主義學院派，而是透過畫冊、複製畫，汲取十九世紀末象徵主義的養分，例如伯恩．瓊斯（Edward Burne-Jones）、皮維．德．夏凡納（Pierre Puvis de Chavannes）、居斯塔夫．莫羅（Gustave Moreau）等洋溢著幻想與唯美氛圍的作品。岸田劉生最早深受野獸派強烈的原色表現吸引，爾後回顧西洋繪畫的歷史，開始全心埋首於杜勒（北方文藝復興）些許晦暗、硬質縝密的寫實風格。小出楢重也對於北方文藝復興濃密的表現深感共鳴，其被指定為重要文化財的畫作〈N的家族〉（圖1）甚至還畫出了德國畫家霍爾拜因（Hans Holbein der Jüngere）的畫冊，可見其強烈的憧憬。至於高橋由一則沒有特別鎖定某個流派，整體而言追求的是作為西洋繪畫本質的逼真描寫力，並為此傾注全力不斷奮鬥掙扎。

這些畫家們各行其道，與同時代的主流，即十九世紀後半至二十世紀初期以巴黎為重鎮發揮絕大影響力的美術潮流幾乎沒有交集。對於出席專題研討課程的法國專家們來說，這些畫家及其作品的存在，已經超乎他們理解近代美術史脈絡的既定框架。換句話說，正是因為沒有追隨同時代的法國畫家，抑或是無法這麼做，反而讓這些畫家能不受當代風潮的束縛，憑藉著畫冊或是複製品，任由自己的感性自由無羈地選擇偏好的範本。

因此，他們的作品不僅是努力擷取西洋畫法的成果，同時也發揮了日本人的獨特感性，於是「和製油畫」便誕生了。法國人之所以對他們的作品充滿興趣，

圖1　小出楢重〈N的家族〉，1919年，大原美術館藏

除了作品本身的水準與魅力之外，想必是因為感受到某種無法以自身已知的準則加以理解的異質性。

這種特質，在高橋由一的畫作中特別顯著。由一是日本導入洋畫的先驅者，也是洋畫界的志士，在他經常被引用的目標報告書〈洋畫局的言〉中明確指出，由於對當初學習的「和漢之畫法」深感不足，為了貼近對象物體的真實表現，所以傾注全心全意學習「泰西諸州的畫法」，亦即西洋諸國的畫法。這份熱情源自於他企圖將西洋畫的技法轉化成自身的能力，即便當時沒有適合的指導者與範本，種種不利條件卻醞釀出日本洋畫史上最傑出的成果。之所以能克服資訊不足與缺乏指導者的窘境達到如此至高的成就，與畫家的本質性思考、對於對象物體的捕捉方式、空間意識等息息相關，也就是技術面背後的感性特質。這麼一來就會衍生出新的疑問：這種與西歐畫家微妙地不同、具有決定性影響的感性特質，究竟是什麼？

高橋由一藝術作品最大的特徵之一，是畫中對象物體所在的空間相當侷限，與物體本身生動、逼真的質感表現同樣受到矚目。西歐典型的靜物表現，例如十七世紀荷蘭的餐桌畫或是所謂的「寓意式靜物畫」〈虛空畫〉，會藉由擺放各式各樣物品的桌面或檯面由近至遠的景深以及水平方向的廣度，塑造出明確的三度空間。由一的靜物畫雖然也以對象物體的存在暗示了空間感，但是空間的深度卻意外狹窄，甚至不存在景深。例如〈豆腐〉（133頁）在畫面上針對板豆腐、燒豆腐、豆皮三種不同的對象進行精彩到位的描寫，使得板豆腐的冰涼觸感、豆皮的油脂黏附感躍然紙上，甚至連砧板的刀痕都歷歷在目。砧板採用的是從斜上方往下俯瞰的視點，因此與其說是強調深度，更像是朝斜角兩側延伸的寬廣空間。同理，〈鱈梅花〉（圖2）一方面強調鱈魚表面的濕潤感，粗繩與梅花也同樣逼真而細緻，但放置鱈魚、鉢碗的檯面由於是從斜上方的視角加以描繪，所以幾乎感受不到空間的深度。至於東京藝術大學收藏的名作〈鮭〉（96頁），其背景甚至完全封閉，唯一暗示的空間

圖2　高橋由一〈鱈梅花〉，1877年，金刀比羅宮藏

圖3　高橋由一〈鯛（海魚圖）〉，1879年，金刀比羅宮藏

感便是來自沉甸甸、具有厚重感的鮭魚與鮭魚陰影之間極為細小的空隙。如果是荷蘭的靜物畫，去除餐具、水果等被描繪的靜物主題，光靠剩下的桌子，依然能維持空間的立體；相較之下，若是〈鱈梅花〉、〈鮭〉等作品一旦拿掉了靜物主題，空間的深度也就蕩然無存。這種情況同樣出現在滿盛肥美鯛魚、魚蝦、蘿蔔的豐饒祝祭圖〈鯛（海魚圖）〉（圖3），或是充滿多種形體與鮮明色彩，令人印象深刻的傑作〈讀本與書法習字〉（134頁）。特別是〈讀本與書法習字〉，桌面上擺放的靜物——文部省發行的小學國語教科書、羽子板、沙包、筆記本、鉛筆，與畫面上部露出一半的燈籠及書法的位置關係顯然曖昧而模糊。高橋由一著重的並非構成對象物體所存在的三度空間，而是盡可能地貼近各個對象，忠實地再現。

這種極近距離視點所帶來的精緻表現，或者是採用斜上方視角所形成的俯瞰構圖，讓畫面比起景深更傾向於平面化。由一的靜物畫具有非常明顯的平面化傾向，但其實這並不僅限於由一，也是傳統日本繪畫相當顯著的特質。舉例來說，江戶時代常見的主題〈華美婦人衣裳圖〉，姑且不論室內的靜物主題為何，卻幾乎不存在三度空間的立體表現，反倒會將懸掛在衣桁上的衣裝圖樣描繪得極盡細

圖4　高橋由一〈琴平山遠望〉，1881年，金刀比羅宮藏

膩，這些案例想必都能作為證明。至於俯瞰圖所形塑的畫面平面性，則有〈洛中洛外圖〉等都市表現為例。由一身為「洋畫界的志士」，或許他本人並沒有明確意識到這件事情，但仍在不知不覺中承繼了江戶時代以來隸屬於日本傳統的獨特感受性。

而談到風景畫，空間的寬廣性自然相當重要，使得畫面能夠朝深處延展成為一大課題，但極近距離的視點卻並未因此遭到遺忘。以高橋由一的磅礴大作〈琴平山遠望〉（149頁，圖4）為例，畫面深處綠意盎然的象頭山襯托著爽朗的晴空，呈現出悠然的風情，前方的近景卻不忘細緻描繪出盛開的花草；另一件畫作〈淺草遠望（關屋之里）〉則將近景的草花放大特寫，幾乎成為畫面的主角。其他像是愛知縣立美術館收藏的〈不忍池〉（圖5），畫面上部隨風搖曳的楊柳細枝，彷彿近在眼前一般放大描

上・圖5　高橋由一〈不忍池〉，1880年左右，愛知縣立近代美術館藏

下・圖6　小田野直武〈不忍池〉，1770年代，秋田縣立近代美術館藏

繪。這種徹底將近景放大以形成和遠景的強烈對比，其實早在秋田蘭畫的代表性人物小田野直武被指定為重要文化財的作品〈不忍池〉（圖6）當中加以實踐。至於更為強化這種對比，甚至把前景主題大膽藉由畫面框架加以裁切，只呈現局部特寫近景的構圖亦不在少數，例如同屬秋田蘭畫派的佐竹曙山的〈松樹上的唐鳥〉（松に唐鳥，圖7），以及歌川廣重〈名所江戸百景〉系列的〈堀切之花菖蒲〉、〈龜戸梅屋舖〉（圖8）、〈高輪牛町〉等等。

諸如此類的奇特構圖帶來了意想不到的效果，在十九世紀後半日本主義風行的時代，讓竇加、梵谷等法國畫家驚豔不已，因此我們可以說，高橋由一風景畫中所呈現的遠近取捨正反映了日本傳統繪畫的特質（圖9）。更進一步說，從〈淺草遠望（關屋之里）〉、〈不忍池〉，抑或是富士、江之島、二見浦等主題的選定，也可以窺見江戸時期以來風景名勝畫的影子。日本無法置於同時代西洋繪畫框架

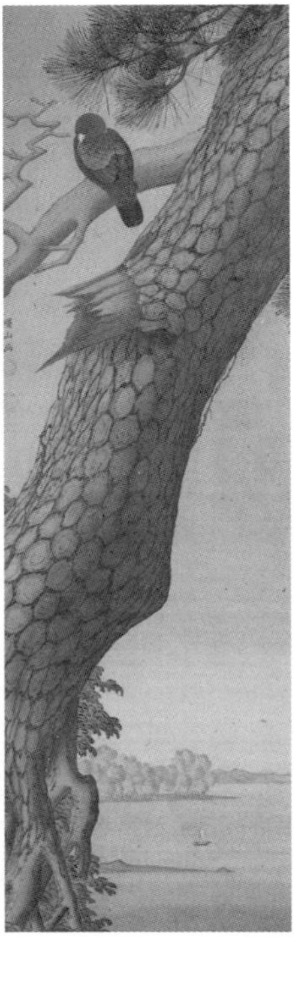

右・圖7　佐竹曙山〈松樹上的唐鳥〉，18世紀
左上・圖8　歌川廣重〈名所江戸百景・龜戸梅屋舖〉
左下・圖9　梵谷〈梅樹開花〉（廣重作品的摹寫版），1887年，梵谷美術館藏

中加以定位的獨特感性，正是高橋由一的作品略顯反主流，卻又擁有難以抗拒之魅力的重要因素。

這種立基於日本獨特感性的特質，或多或少在「和製油畫」畫家的作品中都可以窺見。以裸女的畫題為例，毫無疑問是與西歐接觸後才傳入日本的題材，而在岸田劉生描繪橫躺裸女背姿的作品中，其身軀正好與畫面平行，在追求裸女立體感的同時，整體構成上仍散發對於平面性的執著。此外，小出楢重的〈支那寢台的裸婦（A之裸女）〉從斜上方俯瞰列車臥鋪的視點，同樣也讓人感受到日本人的獨特感性。至於曾經千里迢迢赴法，於讓．保羅．勞倫斯（Jean-Paul Laurens）門下學習西歐學院派繪畫技法的滿谷國四郎，其晚年之作〈緋毛氈〉（圖10）展現了回歸日本式表現風格的強烈傾向，足以印證日本的獨特感性始終流淌於他們的血液之中。

在這方面，與高橋由一同樣熱衷於逼真再現的岸田劉生，其發展軌跡也相當值得咀嚼玩味。劉生初期的嘗試讓人聯想起梵谷或是野獸派的強烈色彩，以及白馬會[2]風格的外光派表現，但最終確立了如杜勒般些許晦暗的精密寫實風格，這

圖10　滿谷國四郎〈緋毛氈〉，1932年，大原美術館藏

個過程儼然與西洋繪畫的歷史發展完全逆行，甚至有些反主流的味道，但如果觀察劉生畫業巔峰的麗子肖像畫系列，他之所以能在封閉背景所形成的淺短空間內以精緻寫實的描繪營造出穩重的存在感，確實是日本獨特感性所發揮的效果。在短短三十八年的生涯晚期，劉生深深著迷於江戶時代的品味與風格，就這層意義來說，似乎暗示了劉生身上所擁有的日本獨特感性的基因。

除了上述對象物體的精密掌握、空間構成的平面性之外，「和製油畫」畫家群中還有一個不容漠視的顯性特質，即稱之為「情念（激情）的繪畫」的系譜。該系譜從青木繁、熊谷守一、萬鐵五郎到關根正二一脈相承，與明亮外光下閃爍耀眼的世界截然不同，他們呈現的是激烈、濃密、時而帶有幻想的世界。青木繁〈男人的臉〉、萬鐵五郎〈有雲的自畫像〉（雲のある自画像，圖11）可以窺見強烈的自我主張，熊谷守一〈陽的死亡之日〉迴盪著悲淒無言的慟哭，關根正二被指定為重要文化財的〈信仰的哀傷〉（信仰の悲しみ，圖12）則以詭譎奇幻的氛圍強烈地籠罩著觀者，這些都是因為畫作中潛藏著沉重的激情。

當然，「和製油畫」的創作者們以各自的方式向西歐學到了油畫的技法，然

圖11　萬鐵五郎〈有雲的自畫像〉，1912年，大原美術館藏

圖12　關根正二〈信仰的哀傷〉，1918年，大原美術館藏

而他們在接納西歐繪畫技術的同時，未曾失卻作為日本人的獨特感性，甚至以其強烈的個性，不論在形式或者表現上，造就了西歐國度未曾聽聞、屬於日本特有的奇異世界。

1 譯注：藤田嗣治（一八八六～一九六八），是日本出生的法國畫家、雕刻家。於第一次世界大戰前開始活躍於巴黎畫壇，擅長貓與女人的繪畫題材。融合日本畫與西洋油彩畫的技法，獨創「乳白色之肌」的裸體女性肖像畫，在西方畫壇備受讚賞，於一九二五年榮獲法國國家最高榮譽的名譽軍團國家勳章。

2 譯注：白馬會，是一八九六年以黑田清輝為核心人物所發起的洋畫團體，以法國明亮色彩感覺的外光派為主流。

棲鳳藝術裡所蘊含的西歐與日本

竹內棲鳳[1]是擁有獨到眼力的人。作為畫家的他，終其一生保有獨特的藝術之眼。年輕時，他熱衷於動物、禽鳥、花卉的「寫生」；日後站在指導後進的立場，他也嚴格要求學生不可借物，必須以「自己的眼睛」凝視、觀察作畫的對象。因為無論學習如何開展，「寫生」都是所有繪畫表現的基礎。

畢生追求「寫生」的棲鳳，他獨到的藝術之眼究竟為何呢？明治三十三年（一九〇〇）夏天至翌年二月，棲鳳有約半年的時間以視察之名，參訪了於巴黎舉辦的萬國博覽會與歐洲主要都市的美術館，並留下歐洲巡遊相關的紀錄與經驗談，從中我們可以找到一些端倪。說到歐洲旅行，以當時的情況來說，當然是搭乘船舶。棲鳳乘坐的日本郵船若狹丸於八月一日從神戶出發，九月十七日抵達法國的馬賽。長達一個半月的郵船航行，各種異國情景在棲鳳眼前陸續展開，他仔細觀察珍奇的風情與人事物，尤其對各個土地別具特色的配色深感興趣，讓人感受到他作為畫家的藝術之眼。歸國後，京都的《日出新聞》刊載了由黑田天外執筆的歸國訪談，題為「竹內棲鳳氏的談話」。引用其中片段如下：

最初抵達香港，便發現風格、意趣驟變。人力車車輪塗上白色與綠色，車篷為白，舉凡椅轎、船帆樣貌、五顏六色的船身、畫上巨大眼睛的船首、彷若龍身一般的縹緲[2]色彩，皆顯現支那代表性的偏好配色……讓人感受到這個國家專屬的特別色彩。

到了熱帶國家，則充滿了熱帶的風情特質。樹木更加蒼鬱，房屋薄薄塗上一層偏白色調，人們膚色黝黑，腰間纏繞多為條紋織物，且大量使用紅色，顯現出獨有的特色。另外像是駱駝聳立的模樣、一望無際的沙漠、夕陽映照的火紅山頭、蒼茫渺渺的海洋……（中略）可以入畫的光景非常多，而其配色也自然彰顯了國家的特色。

如此這般，文章意在強調埃及有獨自的配色與文物，歐洲亦然。如果沒有充分觀察各個國家的意趣與特色，就「無法將日本的特色集大成」。因此，若要創造出新的日本畫，不能一概拒絕、排斥西洋畫法，卻也不可照單全收，首先必須徹底研究西洋畫的特質，並以此為基礎配合日本的實際情況，採用需要的部分，即主張以日本作為主體，展開自主性的接納與學習。例如西方很早便開始對於光影、色彩進行精細的觀察，造就了能有效重現現實的油畫技法，但這並不能無條件地套用到日本畫的世界。栖鳳直言：「西洋的空氣濃重，因此遠景、近景的差異非常顯著，相比之下，日本的空氣透明而輕薄，對於光線等表現自然要符合日本的景況，才能創作出完善的畫作。」在此，我們可以說他採取了非常冷靜地接納西洋的態度（附帶說明，此時他使用的是老師楳嶺賦予的「棲鳳」之號，以西歐經歷為契機，爾後則使用「栖鳳」。本文為了方便起見，將統一以「栖鳳」表示）。

相信許多人都知道，栖鳳於明治二十五年（一八九二）發表的作品〈貓兒負喧〉，其中貓的姿態與毛髮承繼了圓山派的傳統，草花為四條派，岩石則為狩野派；由於各家流派的筆法同時共存，甚至被報紙揶揄為「鵺[3]派」。換個角度來說，當時日本畫的世界裡，師承相傳、專攻某個流派乃理所當然之事，因此突顯了棲鳳的特立獨行。

在這個時代，如果要成為獨當一面的畫家，一般來說必須先獲得大師的許可入門，依據拿到的畫帖範本學習畫技。棲鳳也是在幸野楳嶺的畫塾徹底學習圓山、四條派的技法，很快便嶄露頭角，甚至超越畫塾的前輩，直接被賦予「工藝長」的大任，才華深受肯定。然而，棲鳳不拘泥於單一的流派，而是研究各種畫法，當其他畫塾學生只專注於待在畫塾內臨摹範本，棲鳳則走出戶外，在城市裡遊走寫生。也就是說，他並沒有固守某一個流派的傳統，只要有益於自身的創作，他都毫無偏見地接納嘗試。

如是的態度，在面對西洋畫時也不曾改變。扣除來回的航海時間，棲鳳實際上在歐洲的巡遊期間為四個月，走訪了八個國家的主要都市，行程相當緊湊。在極其有限的時間裡，他逛遍巴黎的世界萬國博覽會，熱心研究各地美術館的西洋畫特色，不斷思索如何納入日本畫所欠缺的洋畫優點。例如被問到巴黎世界萬國博覽會展出作品的觀後感時，栖鳳表示法國的作品充滿清淨無垢的洗鍊感，德國的作品「粗獷」且帶有濃厚的暗黑色調，英國的畫作則是瀰漫澄淨的透明感，為各國繪畫的特色賦予清晰的性格。此外他也進一步論述，西洋畫傑出的強項便是做好周全的準備後才進行勾勒、塑形，這是日本畫一定要汲取、納入的優點。

不僅如此，栖鳳在法國特別前往美術學校拜訪李奧・傑洛姆（Jean-Leon Gerome）教授，請他分享再現對象物體的苦心經驗談。到了德國，也請求德勒斯登的美術學校准許他觀摩人體表現基礎的裸體畫製作課程。這些都是擬真寫實主義的根本，為了改良日本畫，勢必要仿效歐洲先例，實際接觸對象物體並進行研究，方能做出精準的形態表現。尤其是關於人體的模擬，無論如何都少不了解剖學的相關知識。

同時，在緊湊忙碌的行程裡，栖鳳不忘抓緊空檔，將眼前所及的異國風景、動物加以寫生記錄。根據日後栖鳳自身的描述，「將原定安特衛普的停留時間延長為三週，前往動物園，觀察並寫生籠中的獅子」。不僅如此，由於時程匆忙無法看遍所有事物，為了充實自己的眼界，他購入大量的攝影資料與明信片作為歸國後自身創作活動的食糧，甚至自行嘗試練習油彩畫的技法。返國後沒多久，栖鳳在第一屆關西美術展發表了油畫作品〈蘇伊士景色〉（圖1），果真以「鵺派」的混合風格大放異彩（這件作品也是栖鳳碩果僅存的唯一一件珍貴油畫，曾有很長的一段時間行蹤不明，直到二〇一四年才再度被發現）。

此次歐洲旅行，為栖鳳的畫家生涯帶來絕大的轉機。其實他早已具備凝視現實世界的獨到眼力，但藉由這次巡遊變得更加敏銳，為了將眼前捕捉到的現實世界如實地呈現在畫面中，他學習西洋的具體技法，運用精湛的光線烘托氛圍，以陰影形塑立體表現，並且轉化成足以融入自身作品的圓熟結果。然而，他並不認為藝術作品只是將眼前的對象物如實地再現。栖鳳終其一生堅持的信念，在於寫實的技法不過是基礎，真正的藝術必須超越還原現實的境界，追求能夠激發人心共鳴與感動的表現。例如將西歐的逼真寫實表現納入水墨畫時，藉由墨色的濃淡變化，必須「比起西方的速寫更具有妙趣」；以日本畫為例，透過「獨特的運筆」，自當衍生出「感官的趣味性」。甚者，他認為日本畫與洋畫雖然歷史發展不同，但同樣都是在「寫實」的基礎上，展現「微妙的真情」。「妙趣」、「感官

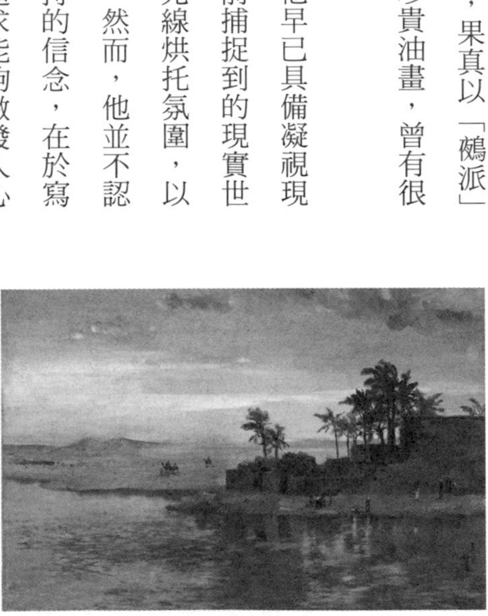

圖1　竹內栖鳳〈蘇伊士景色〉，1901年，看得見海之杜美術館藏

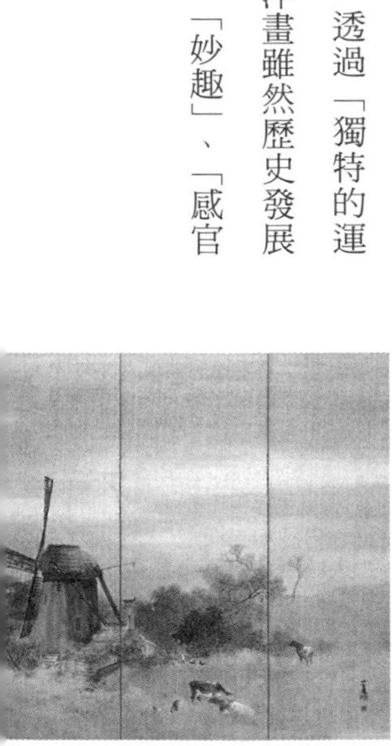

圖2　竹內栖鳳〈和蘭春光・伊太利秋色〉，1902年

的趣味性」、「微妙的真情」等語彙，簡單來說便是尋求心靈上的共鳴，也就是「詩情」。以當時的常用語來說，則是相對於「寫實」的「寫意」。

棲鳳自歐洲返日後，於京都美術協會所進行的歸國報告中，有一段他在因緣際會下有幸與美國畫家面談時，所提到的關於「寫意」思想的描述：

> 西洋畫好比物體映照在鏡面上一般，想像力不夠充分，唯見其外形，除此之外毫無趣味性。日本畫重於寫意，令人感動產生共鳴。換言之，美術如果不具詩情畫意的性質，則妙味盡失；其旨趣在於神韻，因為有了神韻，美術的價值方能油然而生。

棲鳳針對這番意見表達了讚賞之意，認為「此論頗能說明吾等之志」。如是的想法，可以他在歸國隔年新古美術品展覽所發表的〈和蘭春光‧伊太利秋色〉（圖2）作為實例。這是一件六曲一雙的屏風，左隻為義大利的古代遺蹟，右隻為荷蘭的風車小屋，畫面上的構圖配置、遺蹟與風車等主題，以及周遭

遼闊的自然景觀，都是基於栖鳳造訪歐洲時親眼所見，或是參考大量帶回的攝影資料所做的描繪，卻並非實景描寫。這是因為栖鳳的歐洲之行發生在夏天橫跨冬季的時期，實際上並未能夠親眼見到荷蘭的春景。此外巡遊義大利的威尼斯、羅馬等地時，正好是旅程的尾聲，為十二月的光景，因此也無緣目睹義大利的秋天。栖鳳在這件屏風畫作中，看似將兩個國家的風景以「春光」、「秋色」構成對比，實際上蘊含著從自然捕捉季節流變的概念，這正是屬於日本人獨有的傳統感性。

類似的例子還有明治三十六年（一九〇三）第五屆內國勸業博覽會發表的作品〈羅馬之圖〉（圖3）。同樣是六曲一雙的屏風風景畫作，左隻為智慧女神米奈娃的神殿，右隻則為古代遺蹟克勞迪斯水道橋。十八世紀中葉開始，歐洲以法國的「廢墟畫家」於貝爾．羅貝爾（Hubert Robert）為首，許多畫家走訪古代羅馬的遺蹟，遙想消逝的古代榮光，憑弔榮枯興衰的歷史，將憂傷的情緒寄託於「廢墟畫」加以表現，盛極一時。配合這股風潮，引發了對於考古學的興趣，因此也出版了不少介紹古代遺蹟的版畫集與攝影資料。智慧女神米奈娃的神殿、克

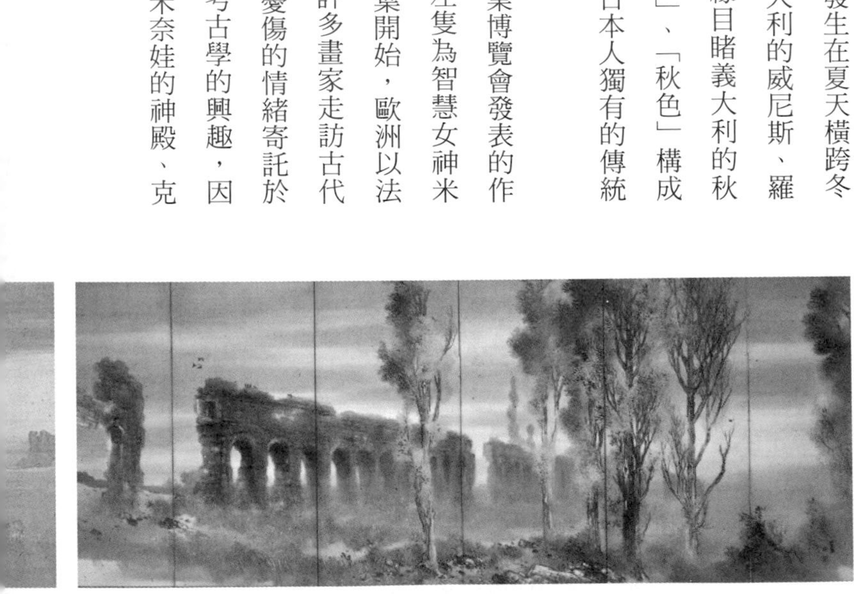

圖3　竹內栖鳳〈羅馬之圖〉，1903年，看得見海之杜美術館藏

勞迪斯水道橋，都是眾所周知的人氣觀光景點，以此為主題的繪畫作品也不在少數；我們無從得知栖鳳是否實際造訪這些遺蹟，但是他大量攜回的攝影資料確實包含了這兩個景點，因此幾乎可以斷定他在創作時參考了這些資料。只不過，他描繪的方式卻顯得相當另類。

西洋的「廢墟畫」如同字面意義，一般是將半傾的建物、雜草叢生的遺蹟，以清晰的方式繪製於畫面中央的前景，除了繪畫，連攝影資料也都是這種配置與構圖。然而栖鳳卻反其道而行，讓遺蹟退至畫面遠處，在前景安排並列的樹木，還安插放牧山羊的女性。儘管遺蹟的識別度依然健在，但與其說是主題，更像是背景。也就是說，比起「廢墟畫」，倒不如說是面對榮景不再的廢墟湧上惆悵情懷的風景畫。

這種表現其實源自日本人獨特孕育的審美意識，人們親近永無止盡、緩慢流變的自然，與自然共生共存。時間總是轉瞬即逝，季節的運行永不停歇；春天櫻花的華麗唯美，秋天紅葉的鮮烈光輝，都終將消逝。正如不斷流轉的自然，自然之美亦是無常幻變。美是稍縱即逝的，卻也因此更突顯了美的可貴之處，進而孕

生出所謂「無常的美學」，其中廢墟正是「虛幻無常」的代表。栖鳳在此企圖描繪的，並非西洋畫家表現遙遠年代的遺蹟留存至今的狀態，而是藉由描寫與自然共生、共變的古代遺蹟，進而喚起觀者的情感與共鳴。借用栖鳳自身的話語，這是「一種神韻」，也就是「詩情」。如此看來，我們可以更加堅信，栖鳳不僅擁有卓越的眼力，同時也是繼承了日本獨特感性，擁有真性情的人。

---

1 譯注：竹內栖鳳，本名恒吉，初號棲鳳，別號霞中庵，以栖鳳最為人所熟知。為近代日本畫的先驅，也是二戰前京都畫壇的代表人物。與橫山大觀並稱畫壇雙璧。

2 譯注：繧繝，不使用暈染漸層，將幾種顏色由淡至濃予以條狀並列，並加以循環變化，是中國西域傳來的配色法，經常使用紅、藍、綠、紫等色系。

3 譯注：鵺，為日本傳承已久的妖怪。關於外形眾說紛紜，例如《平家物語》中登場的鵺，為猴臉、狸身、虎足、蛇尾。也有一說是十二支裡面動物的合成體，包含東北的寅（虎）、東南的巳（蛇）、西南的申（猴）、西北的乾（犬及野豬）。

III

日本人的審美意識從何而來

圖像與文字

《古今和歌集》的「賀歌」部門，收錄有一首素性法師的和歌：

以青松、白鶴獻上誠摯的祝福，祈願父親大人享有無限的壽命。彷若永不枯萎的青松，小女期盼能濡沐在父親大人永不歇止的恩情中。

（万世をまつにぞ君をいはひつる千歳のかげにすまんと思へば）

這是一首寄語存續千年萬載的松樹，來祝福對方長壽安康的祝賀之歌。在和歌前有一段說明和歌內容及創作背景的詞書：「祝賀良岑四十大壽，代女兒吟詠之賀詞。」由此可見事情的來龍去脈。因為是「代女兒吟詠」，因此賀詞中所提到的「君」，指的正是父親。

在當時，每逢祝賀四十大壽、七十大壽等場合，家族或友人都有獻上和歌慶賀的優雅習慣。如果無法順利寫出一手絕妙詩歌，通常會請託才華洋溢的歌人代為吟唱。素性法師、紀貫之正是所謂的專業歌人。在《古今和歌集》裡面，這種「慶賀之歌」為數甚多。例如紀貫之的和歌如下：

春天降臨，率先綻放的梅花，彷彿是慶賀您千歲之喜的髮飾。

（春来れば宿にまづ咲く梅の花君が千年のかざしとぞみる）

這首和歌也附加了序言：「慶賀本康親王七十大壽，於主人後方的屏風寫下吟詠的詩歌。」由於是即興創作，因此推論是在欣賞了屏風畫之後靈感乍現而寫下的作品。不論是直接書寫在屏風上，還是先寫於色紙再貼附於屏風，顯然在祝壽的筵席上，壽星背後的屏風繪有早春的梅花，於是紀貫之即興歌詠了一首慶賀的和歌。不只是屏風畫作，以流暢書體所寫下的文字之美，也是人們細細品味的對象。

這類屏風雖然無緣留存至今日，然而這種將圖像與文學（和歌）、書法（文字）合而為一，創造出美的世界的傳統，始終在日本人的審美意識中延續，創造出許多優秀精彩的作品。

舉例來說，江戸時代中期的〈松藤蒔繪櫛箱〉便是經典的範例。箱蓋的表面是以薄肉金蒔繪的手法，施以結合了青松與紫藤的裝飾紋樣，再以銀平文[1]將上述素性法師的和歌散置於圖像上。作為背景的圖像與和歌藉由「松」這個吉祥的主題彼此連結，可以想見這個櫛箱應該也是作為慶祝的用途而製作的。有趣的是，和歌中的文字——例如變體假名的「津」的最後一豎筆畫，與同樣是變體假名的「耳」異常地向下拉長延伸，正好與背景垂曳的紫藤花相互呼應。換言之，文字不僅作為記號，同時也可以是構成畫面造形的要素。

將文字巧妙排列組合以構成圖像的「文字繪」手法，自古以來便在日本廣受歡迎。現在仍為小朋友熟知的「へのへのもへじ」或者是「ヘマムシ入道」[2]等文字繪小遊戲，說明了日本人將依然保有的玩心昇華至相當洗鍊而優美的表現境

〈松藤蒔繪櫛箱〉，江戸時代中期

界。相傳為三代將軍德川家光為愛女精心準備的嫁妝之一〈初音蒔繪手箱〉（68頁）便是一例。

這件作品的箱蓋上描繪著廣闊的庭園之景，以及一部分的豪華殿舍；庭園裡有著一棵顯眼的松樹，其實是由文字所構成的。樹頂寫著「と」，「し」拉長延伸形成樹幹，樹根的部分呈現漢字「月」，稍遠處的岩石裡可以找到「を」。另外，在庭園各處潛藏著「に」、「ひ」、「れ」、「て」等文字，皆是用來傳達畫面主題的引導，從圖像文字可以讓人隨即聯想到《源氏物語．初音》之卷中，明石之君寫給女兒表達牽掛與相思之情的和歌：

長年等待，年事已高卻苦無見面機會。多麼期盼，能讓我聽聽那樹鶯的初音，那個歡喜悅耳之音。

（年月を松にひかれてげ経る人に今日鶯の初音聞かせよ）

將文字加以圖像化表現的另一個範例，是被指定為重要文化財的俵屋宗達

（或是宗達工房）作品〈蔦之細道圖屏風〉。其題材源自《伊勢物語》，直接寫在畫面上的和歌不僅引領觀者進入王朝時代的物語世界，書寫方式也與畫面上緣垂墜搖曳的蔦葉[3]姿態相互呼應，文字本身彷若蔦葉一般點綴著畫面，可謂是圖像與文字精彩絕倫的協奏。

其實，圖像與文字在日本具有很高的相容性。以西歐文化圈來說，原本就以柔軟的畫筆描繪圖像，以硬質的尖筆寫字，因此存在著圖像與文字屬於不同世界的基本認知。反觀日本無論是繪畫還是文字，只要一枝筆便能盡情揮灑，因此將圖像與文字視為搭檔的概念與意識根深柢固。中國亦然，自古以來兩者便被合稱為「書畫」，隸屬於同一個範疇。其實，漢字的發展脈絡本就極具象形性，因此非常容易融入繪畫；再加上日本後來創造出嶄新的假名文字系統，讓文字的造形表現性又大為提升。《源氏物語》的〈梅枝〉之卷提到，宮廷貴族偏愛在描繪水邊的景致中融入文字的作品，這是一種充滿藝術性的遊心玩藝，稱之為「葦手」。而這種「葦手繪」盛行的時代正好與假名文字登場的時期重合也絕非偶然。自此以降，美術與文學、圖像與文字更加緊密結合成為一體，孕育出高度洗

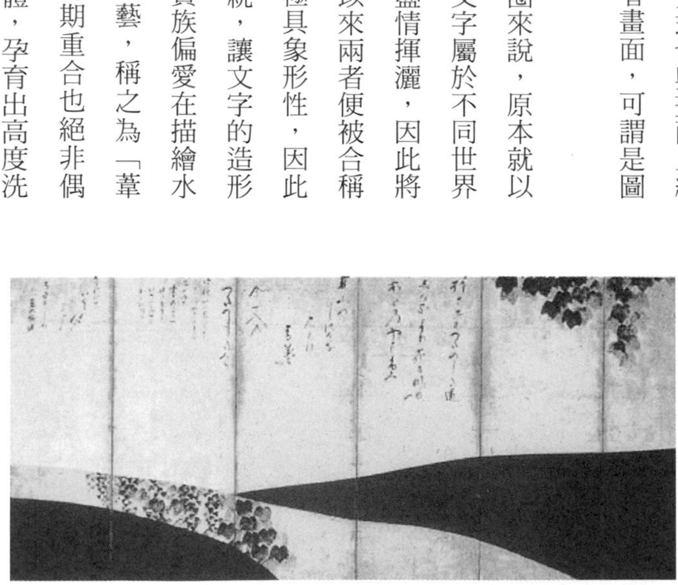

俵屋宗達（或宗達工房）〈蔦之細道圖屏風〉，江戶時代（17世紀），承天閣美術館藏

鍊的藝術表現傳統。

在西歐社會，將文本施以裝飾紋樣或是添附插圖的嘗試確實早已廣泛地開展，只不過基本上仍然會將圖像與文字的領域明確區隔開來。以中世紀的裝飾寫本為例，排除為了強調某些文字因此將字母裝飾化以外，圖像通常只用於文本周圍的邊緣裝飾，或是描繪於特別保留的空白處，不會與文字方塊混合在一起。十五世紀印刷術登場之後，文本採用活版印刷，插畫或是圖像裝飾則為版畫（以銅版為主），兩種不同的印刷方式使得圖像與文字的領域更加分離。爾後隨著石版印刷技術的進步，要等到十九世紀末期才開始出現像羅特列克將圖像與文字互相結合的海報作品。

更何況，如同前述的〈初音蒔繪手箱〉將文字甚至是豐富的文學內容予以轉化並融入圖像的傳統，在字母文字系統的國家相當罕見。西歐將詩句文字以圖像化配置的嘗試首見於法國詩人阿波利奈爾（Guillaume Apollinaire）的詩集《加利格拉姆》（*Calligrammes*），而這已經是二十世紀以降的事情了。在這本詩集裡，有一篇題為〈下雨〉的詩歌，開頭的第一句如下：

下雨。女子的聲音如下雨。彷彿在記憶的深處死去一般……

這首詩跟眾人所熟知的名作〈米拉波橋〉一樣，激烈吟唱著對於逝去戀情的痛楚與怨恨。以拉長的各行詩句由左上不斷連貫至右下，彷彿斜降的雨水般加以組合；另一首詩歌〈噴泉〉的文字排版就如同四處噴濺的泉水，〈心〉則將詩句排列成愛心的造型。這些雖然都比較像是單純的文字排版小遊戲，但對於不具文字繪傳統的西歐社會來說，卻是相當大膽而前衛的嘗試。

然而，《加利格拉姆》令人耳目一新的實驗後繼無人，詩歌又走回只有文字的世界。其主要原因之一，在於活字的配置排列並不適合於圖像的表現。儘管〈下雨〉這首詩歌的文字排列在阿波利奈爾的手寫草稿中呈現出連綿不絕、富饒節奏感的雨勢，到了印刷版本卻只剩下單純連續的文字序列，稱不上流暢、瀟灑。

至於日本，實際上在江戶時代初期就已經知曉活版印刷。德川家康下令鑄造的活字，以及被稱為駿河版的原版版型，都被妥善保存至今。然而，日本人最終還是沒有接納這個西歐傳入的新技術。無論浮世繪、黃表紙[4]之類的插畫本都是採用木版印刷，而這或許是因為對分離圖像與文字有所排斥。日本人將圖文視為一體的獨特感性時至現代仍持續發展，例如被視為棟方志功至高傑作、依據吉井勇的詩歌所創作的《流離抄板畫柵》，以及將谷崎潤一郎的詩歌予以圖像化的《歌歌板畫柵》都是足以印證的最佳實例。

現今日本的漫畫在全世界大獲好評，理由之一想必與畫中的文字運用自由多變有關。另外像是年輕世代流行的電子郵件、網際網路與社群媒體同樣頻繁地使用笑臉符號等繪文字系統，無疑與我們千年的傳統息息相關。

（二〇〇四年）

1 譯注：平文，是漆器工藝的一種加飾法。以金銀薄板切割出紋樣，貼於漆面上，再塗上厚漆予以埋覆，最後以研磨的方式讓圖案顯現出來。是奈良時代從唐朝傳來的工藝技法，盛行於平安時代。

2 譯注：僅只使用「へ・の・へ・の・も・へ・じ」七個平假名，模仿人臉畫出圖案的文字繪。以「へ・マ・ム・シ」四個平假名表現人的側臉，以入道兩個漢字表現人的身軀的文字繪（見圖a）。

3 譯注：蔦之葉，即爬牆虎。

4 譯注：黃表紙，指有插圖的大眾娛樂書籍。

圖a　文字繪

漢字與日語

米歇爾・傅柯在論述馬格利特[1]作品的著作《這不是一支菸斗》（*Ceci nest pas aree pipe*）中提到，十五世紀至二十世紀支配西歐繪畫的首要原理為造形表象與語言指示的分離，進而造成「這兩個系統無從交會，也無法融合」的結果。說得極端些，即圖像與文字是截然不同的兩個世界。然而，這種情況僅限於西歐文化圈，並不適用於東方。在中國或是日本，如同「書畫」一詞所示，圖像與文字的相容性極佳，兩者交融是理所當然的概念。

關於東方的圖像與文字之結合，在十九世紀日本美術作品與工藝品被大量傳入歐洲的「日本主義風潮」時代，確實讓西歐人對於極大的差異感到震撼。一八八三年首度整理並出版日本美術書籍的路易・貢斯（Louis Gonse），以及參與製作豪華雜誌《日本藝術》（*Le Japon artistique*）的美術評論家們，都紛紛讚嘆日本人使用同一枝毛筆揮灑文字與繪畫的卓越藝術成就。深受日本浮世繪魅惑的梵谷在摹寫歌川廣重〈名所江戶百景〉版畫系列當中的〈龜戶梅屋鋪〉（151頁）之際，畫面兩側出現了原畫所沒有而且內容與廣重原作毫無關係的日本文字。毫無疑問地，梵谷認為如此的表現，可以更加強化「日本」的風格。

東方圖像與文字的親近性帶給西歐人新鮮而強烈的衝擊，一方面確實源自於一枝筆即可跨界揮灑的用具共通性，另一方面則是源自於文字的特性。梵谷費盡心思依樣畫葫蘆所寫的日本文字（原本是從中國傳入的），與字母文字系統比起來更加複雜多樣，而且富含造形性。我們甚至可以說，漢字本來就與圖像有很高的配合度。

漢字所擁有的多樣性，是讓許多學習日語的外國朋友大嘆艱困不易的重要原因。如果是英文，從日常的讀寫乃至於莎士比亞的文學作品，全都是二十六個英文字母所組成，但日語卻必須學習數以千計的漢字，相當費心勞神。

類似的爭議於明治時期以降，在日本屢次被提起討論。特別是在大正時期，因為漢字的學習必須耗費龐大的資源與時間，因此有部分人士強烈主張捨棄漢字，改採簡便的字母表記，即所謂的羅馬字論。第二次世界大戰後推動的漢字限制政策，也正反映了「漢字難解論」的觀點與主張。

然而，將漢字與西歐的字母互相比較，其實內含極大的謬誤。因為字母單純只具有表音功能，但漢字更兼具表意機能。像是「山」、「河」等漢字，是同時具有發音與意義的語彙；反觀字母並非字彙，僅止於組成語彙的表音記號，例如「mountain」、「river」便是以適切的形式組合字母，進而賦予其意義。與漢字對應的並非字母，而是由字母拼湊形成的語彙。如果要比較，就應當對照漢字與英語的字彙才行。外國人逐一學習每個漢字的形態與意義固然辛苦，但英語的學習也必須掌握每個字彙的形態（拼寫）與意義，難度其實不相上下。對於漢字數量龐大的感嘆，若是以英文的字彙量來思考，也是相同的情況。

根據統計，莎士比亞作品裡所使用的語彙數高達一萬五千兩百字。就算莎士比亞屬於特例，要達到能夠理解一般英文的程度，至少也需要兩千至三千個語彙。如果是日常使用的漢字，也差不多是這個程度。依據白川靜的研究，《論語》全部使用的漢字種類為一千三百五十五種，《詩經》則為兩千八百三十九種，代表只要累積到相應的數量，便能通讀《論語》與《詩經》。單就數字而言，要閱讀莎士比亞的作品，就必須花費《論語》十倍以上的學習量。

然而同時兼具表音與表意兩種機能的漢字，自然也有其不便之處。例如只想純粹採用漢字表音的時候，卻無法與原有的字義相切割。

日本稱「America」為「米國」，但並不是指美國為稻作或米食的國家，只是單純地將「亞米利加」這個音譯漢字省略運用而已。但如果不清楚箇中脈絡，就很可能招致意想不到的誤解。

至於中國則稱「America」為「美國」。多年前我首度造訪香港時，看見牆上「打倒美國」的塗鴉，百思不得其解。這裡的「美國」並不具有「美麗的國家」之意，經過友人的說明才讓我恍然大悟。

如此這般，如果只想以讀音來做表記，不具表意功能的字母文字系統反而更為合適。然而漢字文化圈因為不使用只具備表音功能的文字系統，即使是令人深惡痛絕的「America」，也不得不硬著頭皮稱之為「美國」。

相形之下，日本不僅從中國襲取漢字善加運用，另一方面也創造出足以與字母文字系統並駕齊驅的表音文字系統，即假名文字系統。現今日本人習以為常地將漢字與假名交錯合用，但仔細想想，能將這兩種截然不同的文字系統自然並用的國家，大概也只有日本了吧！

有關漢字的接納，日本人更採用了另一個世界上史無前例的做法——不僅採用兼具表音、表意功能的漢字，同時又套入語言學上屬於別系統的本土日語（即所謂的「大和語」），創造出新的讀音。換句話說，除了漢字原本的發音所形成的音讀系統，更建立了嶄新的訓讀系統，藉此讓外來的漢字毫無阻礙地落地生根。日本人積極接納新文化卻不忘保有古老傳統的民族特性，也在此得到明晰的驗證。

《古今和歌集》的假名序，首句開宗明義提及「大和之歌乃是以人的心思、情感為素材，衍生出各式各樣的文字表現」。紀貫之在文中並不單單稱之為「和歌」，而特意使用「大和之歌」的字眼，其實蘊含著與漢詩分庭抗禮的意識。當時日本大量吸收漢字文化，官方的正式文書皆以漢文為主，漢詩的創作亦十分成熟，絲毫不遜於中國本土。面對這種情況，對於持續沿用傳統「大和之歌」的氣魄與信念，也在序文中表露無遺。二〇〇五年正逢《古今和歌集》付梓一千一百週年，可說提供了人們一個絕佳的契機，重新審視先祖留下的語言遺產。

（二〇〇五年）

1 譯注：馬格利特（一八九八～一九六七年），比利時出身的超現實主義畫家。他的繪畫作品蘊含可視性的思考，將世界原本具有的神祕與不可思議加以呈現，並且不斷探索語彙與表象（文字表現與視覺意象）的關係與課題。

襲名的文化

二〇〇四年，歌舞伎演員第十一代市川海老藏[1]的襲名發表會在日本各地盛大舉辦，之後甚至遠征巴黎演出。我雖然沒能親眼目睹，但是聽說評價非常好。二〇〇五年前往法國時，法國友人還津津樂道地提及此事。

在海外，歌舞伎華麗的舞台幾乎都能獲致極高的評價。然而，更令法國友人感興趣的，其實是襲名的發表儀式——大陣仗的演員盛裝一字排開，正式向眾人宣告其中一人更改名字的方式顯然相當罕見，甚至多少有些離奇。當下我雖然解釋了何謂襲名，但外國友人似乎無法完全理解、認同。

事實上在西歐社會，人氣演員捨棄廣為人知的名字改用其他稱呼是前所未聞的。在法國，舉例來說像是堅恩（Edmund Kean）這種具有傳奇色彩的名演員，儘管他的精湛演技千載揚名，卻絕對不會有人想繼承其稱謂，稱呼自己是第二代、第三代堅恩吧！畢竟名字是非常個人的表徵，是僅止於一代的稱呼。

然而，日本的情況截然不同。「海老藏」、「團十郎」等名號，乘載著超越了個人的權威性與存在感；作為支撐的，是截至目前為止所有背負這個名字的演員各別努力累積的成果，以及一般人對於他們的懷念與評價，可以說是歷史的印記。所謂的襲名，一方面承繼了歷史的遺產，另一方面更加以發揚光大，是一種相當巧妙的策略，讓傳統得以一層又一層地形成與累積。

珍惜過去的遺產，並視之為傳統持續傳承下去的美德，在很多國家或民族都屢見不鮮。然而，在這種情況下會連名字都賦予特殊意義，卻似乎是日本的獨到之處。原本日本人就具有重名的風俗習慣；所謂的「有名」，同時也是對擁有高度價值的讚美。有名的東西被稱作「名物」，有名的人稱之為「名人」，其他像是名作、名品、名山，類似的例子不勝枚舉，而且它們經常與過去的遺產緊密相繫。例如指稱風景名勝史蹟的「名所」便是一例。

名所之所以能夠成立，並非只是因為當地擁有美好的自然景物或是特殊風情。從流傳下來的眾多名所繪與名所歌便可得知，該地曾有形形色色的人群造訪並提筆作畫、吟唱詩歌、撰寫故事，而這些種種蓄積最終成就了名所的價值。

因此我們可以說，在巴黎舉辦襲名發表會，不只是介紹一名優越演員登場的儀式活動，也是傳遞日本文化特質的一種嘗試與挑戰。

（二〇〇五年）

1 譯注：市川海老藏，系出名門，為歌舞伎世家年輕一輩的演員。最早襲名的名號為第七代市川新之助，二〇〇四年襲名為第十一代市川海老藏，並預計於二〇二〇年襲名為第十三代市川團十郎，但因為新冠肺炎疫情影響，將延後襲名儀式暨演出。

餘白的美學

千利休關於牽牛花的軼事，相信各位都耳熟能詳。利休因種植了當時種類稀有的牽牛花而蔚為話題，豐臣秀吉知曉後表示希望能夠親眼目睹，因此利休邀請了秀吉前來造訪。然而到了當天早晨，利休卻已將庭園盛開的牽牛花全數摘除。這當然讓原本滿心期待的秀吉火冒三丈，但隨後他被招待至茶室，赫然發現在壁龕中插著一朵清新、脫俗的牽牛花。秀吉頓時怒氣全消，心滿意足地離去。

這段故事透露了利休對於美的看法。滿布庭院的牽牛花當然極具魅力，然而利休卻大膽犧牲數大便是美的景致，將所有一切凝縮於壁龕中的唯一。要突顯一朵花的美，不需要其他花的存在，否則反而可能成為干擾。捨棄所有非必要、多餘的東西，正是利休之美確立的第一步。

然而，將庭院的花朵全數摘除的意義，不僅止於將多餘的東西加以排除。沒有任何花卉的庭園，同時構成並突顯了自體的本質之美。當秀吉滿懷期待地抵達時，看見的卻是沒有任何牽牛花的庭園，內心想必充滿了失望與不滿，並一直持續到進入茶室的瞬間；在這種負面情緒高漲的狀態下，當他與壁龕中那朵唯一的牽牛花邂逅時，與完全沒有前情鋪陳，直接看到滿園子的牽牛花海相較之下，因為不滿反而讓驚豔的情緒增強，印象自然也就變得格外強烈。利休堪稱是個算計一切美的細節的頂尖高手。

換句話說，壁龕中的花，因為庭園花卉的不存在而更顯出色。這般美的世界如果以一幅畫來表現，光在畫面中央安置花朵是不充分的，而是除了花卉這個重要角色以外，也要構築出淨空、遼闊的空間感。日本水墨畫所謂的「餘白」，指的正是這種空間表現。

關於「餘白」這個詞彙，很難翻譯成英文或法文。西洋的油畫無論是風景畫或者靜物畫，總是鉅細靡遺地塗滿整個畫面，如果出現什麼都沒描繪、也沒上色的情況，會被認為是未完成的作品。然而，以長谷川等伯的〈松林圖〉為例，在強勁運筆、濃墨妝點的松樹雲靄中，錯落著若隱若現的薄墨松林，其間的空白畫

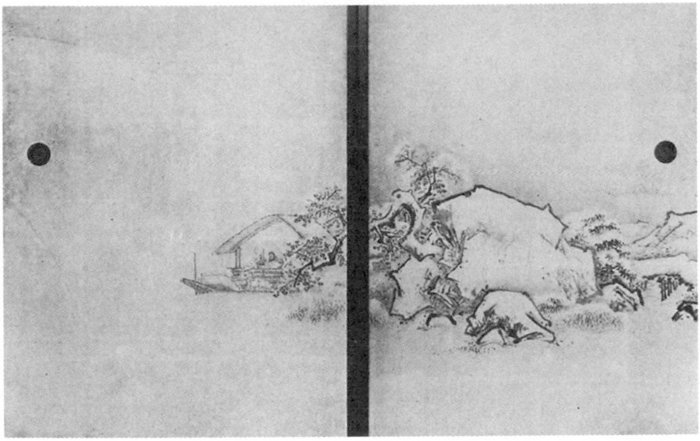

上圖・長谷川等伯〈松林圖〉（局部），安土桃山時代，東京國立博物館藏

下圖・狩野探幽〈山水圖〉，1641年，大德寺藏

面醞釀出神祕的景深，使得空間自身飄盪出幽遠、縹緲的氛圍。此外，大德寺的方丈所收藏的狩野探幽的障壁畫〈山水圖〉中空無一物、浩瀚曠然的餘白空間，儼然成了畫面的主角，向觀賞者席捲而來。

實際上，將多餘的、次要的一切加以排除，是日本審美意識的一大特色。京都御所的紫宸殿，沒有西歐宮殿庭園常見的花壇、雕像或是噴泉，僅鋪上一整面的白色沙礫，營造出清淨、空無的場域；拒絕所有裝飾與色彩，以簡素白木建造的伊勢神宮，至今仍以原初的樣式繼續活用、傳承。伊勢神宮的式年造替（遷宮）始於西元七世紀後半，一般認為建物的原型約莫是此時確立的。而當時自大陸傳來的佛教早已在日本落地生根超過一個世紀，如同「青丹美哉，奈良之都」這句話所歌頌，以奈良為首，日本各地紛紛興起色彩斑斕的佛教寺院，其建築工法是在礎石上立起柱子，屋頂則為瓦砌，技術相當先進，比起採用掘立柱、茅草頂的伊勢神宮，這些佛教寺院的耐久度相對優越許多（也正因如此，所以伊勢神宮每二十年就必須重新整修）。就連環繞伊勢神宮周圍的高欄部分也受到佛教建築的影響，可見負責營造的工匠們並非不知道自大陸傳來的建築新技術。儘管如此，日本人還是堅持採用古老、簡素的樣式興建伊勢神宮，並且延續一千三百年以上。這般堅持，或許便是源自抗拒多餘之物、與信仰緊密結合的審美意識。

當然，在另一方面，伴隨佛教美術的興盛，追求壯麗多彩的審美意識也成為日本人的一大特色。在繪畫的領域中，與水墨畫不分軒輊，金碧濃彩的大和繪、奢華瑰麗的近世風俗畫所富含的裝飾性，也經常被論述為日本美術卓越的特質。事實上，對水墨畫發源地中國而言，日本美術似乎充斥著過多的華麗裝飾。最早論及日本繪畫的外國文獻《宣和畫譜》於十二世紀出版，書中提到宋徽宗所收藏的日本繪畫作品「設色甚濃，多用金碧」。飄洋過海、受到美術愛好者宋徽宗珍藏的日本作品究竟為何，如今已不可考，但可以確定的是，與恬淡無欲的水墨畫相比，日本的繪畫作品富含裝飾性，兩者形成強烈對比。

然而，就算是在這些金色燦然的作品中，我們仍然可以窺見日本將中心主題以外的多餘之物加以排除的強烈意識。最具代表性的範例，是光琳的名作〈燕子花圖屏風〉（77頁）。若是西歐畫家著手描繪水邊盛開的花卉，多半會鉅細靡遺地將周遭景況全數再現，包括池子水面、岸邊、土堤、原野、甚至是天空的雲朵；即便如今，我也曾被外國朋友詢問，究竟這些燕子花盛開於何處？但光琳就像利休摘除了全庭院的花朵一般，將周圍所有的要素毅然捨棄、排除。為了達成這個目標，光琳採用了金色的背景；這個金泥背景不僅烘托出燕子花的華麗妍美，也肩負了隱藏不要之物的重責大任。

另外，近世之初有許多〈洛中洛外圖〉（112頁）的創作。畫面當中以二條城為首，描繪出許多著名的神社佛閣、街景、年間盛事、祭典等情境，各個場面分別以「金雲」（雲朵型）的裝飾紋樣圍繞，讓觀者彷彿從雲隙中窺見京都的城市風貌。這種城市飄盪著大量雲朵的狀態，也是經常讓外國人深感疑惑、提問的要點。不過，由於金雲環繞著各個獨立的場景，才得以隱藏場景切換的過渡部分，讓各個場面更鮮明地突顯出來，觀者也能更明確地掌握內容。

至於表現室內情景的作品，可以江戶時期熱衷描繪的〈華美婦人服（懸掛圖屏風〉（誰が袖図屏風）為例加以說明。這類作品乃是以懸掛在衣桁上的華麗衣裳為主題，但放置衣桁的室內空間，無論牆壁還是榻榻米，一切都不會入鏡。偶爾畫面上可以看到棋盤或是茶具組等小器物，用以暗示人的存在，但不會畫出任何登場人物。這種「以不在暗示存在」的手法，是日本美術的常用手法，甚至還被賦予表示不在的「留守模樣」這個優雅名稱。同樣地，在此取代人物之姿登場的，還是一整面的金色背景。

由此可見，這些金雲或是金色背景，一方面達成華麗的裝飾效果，同時也具有排除多餘之物的重要功能，儼然是金色的「餘白」。

金色屏風時至今日仍多用於婚宴或祝賀的場合，且清一色都是素面的金色屏風。二〇〇五年年底，我獲邀參加首爾日本大使館舉辦的宴會，會場入口處便擺置了一座金色屏風，大使站立於前，迎接所有的賓客。此時同行的韓國友人不經意地表示，屏風完全展露了日本的風格。稍加追問，才知道原來韓國在慶祝場合也經常出現金色屏風，但上頭總是繪有青松、白鶴等吉祥圖案；素面的金色屏風，似乎讓他們感覺缺少了什麼，心生些許寂寥。毫無贅飾，鋪陳一整面素色的金泥畫面，無疑映現出日本人獨特的審美意識。

（二〇〇六年）

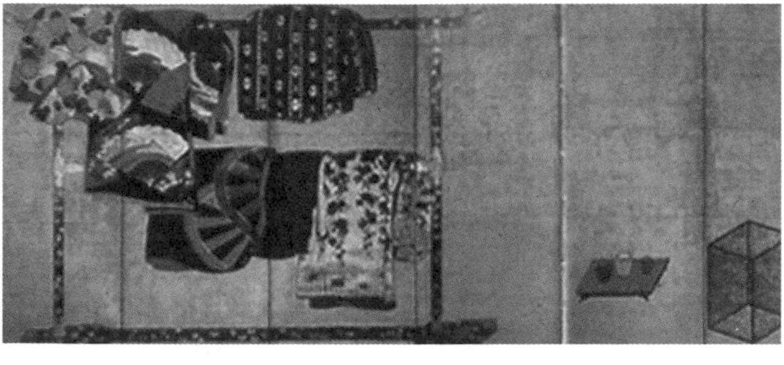

作者不詳〈華美婦人服（懸掛）圖屏風〉，江戶時代，出光美術館藏

觀光景點明信片

不論是日本還是國外，首度造訪著名的場所、名勝古蹟時，都會習慣買上幾張明信片。這不僅是為了作紀念，一張明信片同時也傳遞了許多資訊，是相當寶貴的資料。

例如，來到不知東南西北的陌生城鎮時，只要瞄一下街角的紀念品店所陳列的明信片，大致就能掌握到重要的觀光景點。因為明信片的主題多半為當地醒目的建築物等，作為實際漫遊散步的地標也很好辨認。此外像是教堂等宏偉建築，上層部分難以仔細觀察的細微裝飾，透過明信片的局部特寫便能一目了然。裝飾於巴黎聖母院正面迴廊的知名怪獸雕像，從下仰望往往看不清楚，但只要到附近的土產店逛上一回，肯定能找到好幾種有著怪獸逗趣容顏的明信片。這正是明信片絕大的魅力與威力。

前一陣子造訪義大利北部的帕維亞，也經歷了類似的體驗。帕維亞距離米蘭約一小時車程，是擁有七萬人口的小城鎮，如今仍保有許多訴說著中世紀以來歷史記憶的教堂與領主宅邸。其中特別值得一提的，是偏離城鎮中心、聳立於郊外的加多森會修道院，其建物正面充滿以植物、人像、故事為形象的華麗雕刻，被譽為美術史上絕無僅有的至高傑作。儘管我前往參觀時巧遇建物南半側正在進行整修，因此外表被覆蓋、隔離無法進入，但光就剩下的部分，其精彩絕倫的美術表現便足以讓人嘆為觀止。教堂內部同樣保有豐富的壁畫、浮雕、祭壇，其中特別讓我們這些觀光客驚喜萬分的，是在主廊最深部的牆壁上側，描繪著從窗戶探身俯瞰下方的修道士身影。這種繪畫手法稱為錯視法，可以窺見營造教堂的工匠們的玩心，讓人興致盎然。但因為描繪在相當上層的牆面，就算視覺效果不差，卻無法窺見細節，讓我按捺不住焦躁感。所幸教堂內部的商店陳列著映有修道士之姿的局部放大明信片，以及整面牆的全景明信片，於是我二話不說買下收藏。

這些每逢造訪而購買、蒐集的明信片，若將它們一字排開欣賞，

帕維亞的加多森會修道院明信片

會發現有著共通的表現特色。例如帕維亞的教堂也好，羅馬的競技場也罷，或是巴黎的凱旋門，西歐著名景點的明信片都竭盡所能地將多餘的東西捨棄、切除，而且會從正面捕捉對象物，以全景、滿版的方式呈現。明信片原本就以介紹觀光名所為目的，因此這或許是理所當然的，卻也沒那麼單純；畢竟若是拿出日本的觀光明信片，無論寺廟或者城郭，只捕捉建物主體的例子其實非常稀少。

事實上，端詳京都的觀光明信片，例如建築物與庭院一片純白的「雪中金閣寺」，或是以綻放的櫻花為前景的「清水寺之春」，以周圍自然融為一體的建造物為主題的取景壓倒性地多。也就是說，被西歐明信片排除在外的自然景致，在日本卻扮演著非常重要的角色。

關於這點，其實與日本人對於名所的概念以及自然觀有著密切關聯。對日本人而言，所謂的名所本就像是位於嵐山北方的高雄的紅葉、醍醐的粉櫻，總有著與自然景致結合的印象。在攝影技術登場前，浮世繪扮演著與今日的明信片類似的角色，只要稍微聯想起浮世繪的名所系列版畫，想必便能有所領悟。

當中最具代表性的範例，是廣重晚年的系列名作〈名所江戶百景〉。如畫題所示，該系列是將江戶各個知名景點逐一描繪、出版，全部總合起來共留下了一百一十八件的「名所」版畫。廣重歿後，出版商重新添加了一張作品以及扉頁繪，以共計一百二十件的系列加以出版販售，並將本是陸續問世的作品依照春夏秋冬的季節分類。之所以這麼做，是因為這些作品包括雪後天晴的日本橋、花開遍野的飛鳥山等，每一件都與季節緊緊相扣。不只是自然的景致，像是五月在空中飄揚的鯉魚旗、竹枝上掛有彩色許願紙箋的七夕祭典，抑或是兩國夏季的燦爛煙火，主題也與年間的節慶環環相扣，與自然的運行彼此呼應。換言之，「名所」不只是單純的空間場所，更與循環的時間同在。

相較之下，西歐所興建的凱旋門或是教堂，乃是以超越自然與時間的變化，追求永續長存為目的。所謂的紀念性建築（monument），其實源自於拉丁文「使人憶起」這個動詞，由此可見這是為了紀念某些人事物，使其長久流傳於後世所打造的，相當於一種傳承記憶的裝置。然而一旦當事者離開人世，記憶通常會隨著時間的流逝而逐漸被淡忘。為了與忘卻相抗衡，因此才使用堅如磐石的素

歌川廣重〈名所江戶百景・飛鳥山北眺望〉

材打造不易消亡的紀念物。

當然，日本人也非常珍視記憶。只不過日本人的記憶延續並不憑藉物質的牢固性，而是從自然的運行中尋覓其存在與印證。自然並非與人類對立之物，反而是值得人們信賴的存在。

這種東西方的差異，也表現在都市規劃與興建的方式上。凱旋門、勝利紀念柱、大聖堂等西歐的紀念性建築，其實也發揮了作為城市地標的重要功能，所以通常會以追求巨大規模為目標。然而在日本，提到城市的地標，一般都會聯想到京都的東山、奈良的生駒連山，也就是自然的地景標誌。江戶也不例外，〈名所江戶百景〉系列中，沒有一件是單獨描繪顯眼的建造物；取而代之，為了吸引人們目光而反覆登場的地標，則是富士山以及筑波山。歌舞伎的經典劇目〈刀鞘相觸〉（鞘当て）的台詞曾提及「西為富士峰，北則為筑波」，說明了江戶地區的人們在日常生活中都隨時感受著山的存在。不僅如此，像是廣重〈百景〉系列當中的〈駿河町〉，前景依循西歐的遠近法描繪城市綿延的景觀，上方則勾勒出彷若巨大笠帽的富士山。這並非意味著從城市的一端恰巧可以望見富士山，而是選擇在可以看見富士山的方向打造城鎮。由此可知，對於江戶的人們來說，富士山是何等親近而深刻的存在。

綜上所述，包含浮世繪在內，日本各地名所衍生的觀光景點明信片，內蘊著東方與西方大相逕庭的自然觀與審美意識，值得再三咀嚼玩味。

（二〇〇六年）

沒有被全盤接納的雅樂

時至今日，認為昔日的日本人擅長模仿，任何來自外國的東西都能巧妙地接納與吸收，卻因此缺乏獨創性的批判仍時有耳聞。確實，日本自古代以來便向中國取經，近代以降則向西洋仿效，一路走來吸納了各種事物；然而，就算接納異文化在某種意義上屬於模仿，但是否能夠斷定這就是缺乏獨創性，恐怕又是另一個層面的問題了。即便統稱為模仿，實際做法卻有千百種。日本並非不假思索地接納先進文明的所有成果，而是在有所理解的情況下也拒絕接受了不少東西。換句話說，接納與否其實是經過選擇的。如此一來，或許便會產生與對象國家有所區別的日本獨特性。

過去評論家山本七平曾經在《何謂日本人》（ＰＨＰ研究所，一九八九年）一書中提到類似的問題，並舉出日本沒有仿效中國的部分，包括「科舉、宦官、族外婚制、一夫多妻、姓氏、冊報、基於天命思想所形成的王朝更迭，以及後來的纏足」等。這裡所列舉的都是在中國本土發揮重大功能的制度（其中一部分至今仍持續沿用），也就是與文化本質環環相扣。與大陸相連的韓國當時對於中國文化可說是照單全收，儘管這些文化於朝鮮半島內部廣為普及，卻終究沒能跨越海洋傳入日本。箇中原因，是我們思考「何謂日本人」時必須面對的問題。

事實上，制度、思想、社會風俗本就相互緊密結合，如果捨棄其中一部分，勢必會造成全面性的影響。例如日本向中國學習律令制度，但依據山本七平的說法，這是「拔除天命思想與科舉制度的律令制」，與中國本土推行的相去甚遠。沒有族外婚制，也沒有科舉制，山本認為，這意味著日本「終究沒能接納中國基本社會制度與政治制度」。

類似的情況在其他領域也是同理可證。比方說最終未能傳入日本——更準確地說是日本拒絕接納的文化之一，便是宮廷的雅樂。

但如果這麼一說，必會掀起反駁的聲浪，主張雅樂正是從中國傳來的音樂。我原先其實也抱持著這般含糊的想法，但實情並非如此單純。

關於這個問題，長年於國立劇場修復空篌等古代樂器，同時致力於雅樂、御神樂、梵唄等研究暨公演的木戶敏郎，在其著書《年少青澀的古代》（春秋社，二〇〇六年）中從各種角度加以闡述。本書的副標題為「日本文化再發現試論」，因此討論的內容不僅限於音樂，亦針對繪畫、工藝、建築、庭園等領域展開值得注目的論辯，其中關於雅樂的論述大意如下。

確實，現在宮內廳式部職樂部所傳承的「雅樂」，無疑是一千三百年前由中國傳入的。「雅樂」這個名稱也是傳自當時，並仿照唐朝的制度設置了名為雅樂寮的官方機構（據傳當時慣稱為「歌舞司」）。然而，在雅樂寮所傳習的雅樂，並非原本來自中國的雅樂；在這裡演奏的，是以娛樂性質為主軸的「宴樂」，以及從西域傳來的「胡樂」等外來音樂，儘管這些在廣義上也屬於「雅樂」，但當時則稱之為「林邑樂」、「高麗樂」，或總稱為「伶樂」，而並未使用「雅樂」這個名稱。之所以如此，是因為唐朝所推行的正統「雅樂」，即國家規模的儒教禮樂其實從未傳入日本。套用山本七平的說法，日本接納的是「拔除儒教禮樂的雅樂」，相當於「去除了正統雅樂的雅樂」。

為何會發生這種事態呢？依據木戶氏所言，乃是出於「日本原本就存在固有的宗教——神道，而作為神道的儀式音樂，早有御神樂的存在」，因此日本才會意圖性地拒絕接納「儒教禮樂的雅樂」。

這番見解確實值得參考。日本乍看可以自由接納任何外來事物，事實上卻存在著某種抗拒意識，一旦觸及便會啟動拒絕的選項。過去的日本雖然仿效唐朝的律令制度，卻沒有採用科舉與宦官制度，同樣可以說是這種抵抗機制帶來的結果。類似的情況，想必也會發生在其他的領域。透過不斷檢視這些「無法被接納的外來事物」，相信便能釐清日本，乃至於日本人的特性。

關於神道的儀式音樂「御神樂」，該書中亦有詳盡說明。尤其作者不只針對表現形態進行討論，更深入探討背後的中心思想，同時與西洋音樂對照，相當具有啟發性且耐人尋味。例如，西洋音樂主要是隨著時間的流動開展[1]，御神樂（廣義而言泛指東亞的音樂）則不分時間或者空間，樂聲不僅具有時間性，也會在空間中堆積與迴響等，書中不光是針對音樂加以論述，對於建築、繪畫等其他領域的表現也提供了嶄新的視野。面對如今多半將西洋音樂視為唯一準則的趨勢，作者亦提出強烈異議，包含這一點在內，此書可說是「重新審視日本文化」難能可貴的嘗試與挑戰。

（二〇〇七年）

1　譯注：以西方藝術的觀點來看，音樂是時間的藝術，而繪畫則是空間的藝術。但東方的藝術觀點則認為，音樂、繪畫都是時間與空間集合的藝術表現，音樂在時間流動中演繹，同時也有空間性的堆積與迴盪；繪畫例如繪卷軸，則是在時間的流動中表現空間與人事物的開展。

實體之美與情境之美

很久之前，我曾經從專攻農學的老師那裡，聽聞一段有趣的敘述。這位老師在留美期間，參與過研究人類動物觀的計畫。其研究方法是透過問卷調查列出例如「最美的動物為何？」等問題，再將回答與年齡、性別、職業、宗教、民族等變項進行交叉分析，了解箇中的差異性。

由於覺得相當有趣，因此這位老師試著在日本也進行類似的調查，順利的話說不定可以建構出一套日美比較文化論。他雖然立刻展開調查，卻進行得不順利；主要原因在於美、日對於問卷的提問反應截然不同。在美國，如果問到「最美的動物為何？」，一般人會很快地回答「馬」、「獅子」等，然而同樣的問題換成日本人，卻總是支支吾吾地表示：「嗯……是什麼呢……」實在問不出一個所以然。若是勉強再提問，請對方舉出一個覺得最美麗的東西，結果得到的回覆竟是：「這個嘛，那或許是在夕陽時分一群小鳥倏地振翅飛翔的光景吧！」「這樣根本無從比較，最後只好放棄了。」這位老師苦笑著如此說道。

我之所以對這段敘述十分感興趣，姑且撇除動物觀的差異不談，是因為它明確反映出日本人和美國人在審美意識上的極大差異。

包含美國在內，西歐世界自古希臘以來，就傾向將「美」認定為具有某種明確秩序的表現。所謂的秩序，例如左右對稱、部分與整體的黃金比例，或是與基本的幾何形態有所關聯等等，內容雖然包羅萬象，「美」卻一貫立基於客觀原理下的秩序而生。換個角度來說，只要依循這些原理原則創造作品，便是展現美的傑作。

典型的具體事例，正是現今仍蔚為話題的八頭身美學。以人的頭部與身高比例呈現一比八為最美的思維，乃是西元前四世紀成立於古希臘的美的原理。古希臘人將這樣的原理稱之為「準則」（kanōn），且會因為時代情勢而有所變化。比起古希臘優美的八頭身，西元前五世紀則傾向以莊重的七頭身為準則，但無論是七頭身還是八頭身，作為孕生出美的原理原則卻始終不變。古希臘雕刻作品所擁有的極大魅力，主要便是源自於具有普世價值的原理與美學思維。

其實，古希臘時代的雕刻作品幾乎不復存在，現今留下來的大部分都是古羅馬時代加以模仿的複製品。然而人們之所以能夠透過這些不完整的復刻作品掌握到原作一定程度的樣態，正是因為這些復刻作品實踐了作為「準則」的美的原理。只要遵循原理製作，雕刻作品無疑能成為表現「美」的對象與載體。

然而，這種以實體物來捕捉美的思維，在日本人的審美意識系統中並非主流。日本人自古以來與其思考什麼是美，更將其感性發揮在思考如何孕生出美的情境。我們或許可以說，這是相對於「實體之美」的「情境之美」。

例如經典俳句「古池飛蛙水之音（古池や蛙飛びこむ水の音）」，並非在說明「古池」或「青蛙」是美的，也不是在主張水聲的妙趣，而是松尾芭蕉從青蛙躍進古池的瞬間所孕生的緊張感與深遠寂靜的世界裡，發現了嶄新的美。在這裡並不強調任何的實體事物，唯一存在的只有情境。

最能清楚表現日本人這種獨特審美意識的範例，是《枕草子》開頭的段落：

「春天的美好在於晨曦曙光乍現之際。旭日東昇，天邊出現一片魚肚白，山巒漸明漸亮……」這正是將四季之美以敏銳的感官加以捕捉，所衍生出的經典「情境之美」。換言之，春天美在破曉黎明，夏天美在星空月夜，秋天美在夕陽餘暉。關於秋天，清少納言敘述如下：

秋日的美好在於黃昏夕暮。夕陽餘暉灑落在山頭之際，烏鴉正是歸巢之時，三三兩兩並排翱翔，那番匆忙打動人心。更遑論雁群井然有序排列飛行，愈飛愈高，卻仍見小小身影，均整隊形，令人愛憐……

這段描寫，與前述現代人的審美意識「夕陽時分一群小鳥倏地振翅飛翔的光景」有著相通之處。日本人的感性，即便經過千年時光的洗禮依然沒有改變。

關於「實體之美」，由於其自身便是美的展現，因此無論情境如何改變、何時何地，都是「美」的象徵。〈米羅的維納斯〉（*Vénus de Milo*）創作於西元前一世紀作為古希臘殖民地的地中海小島，到了二十一世紀的今天，她被陳列、展示於羅浮宮，卻依舊不改其美感；即便矗立於一望無際的沙漠，想必依然會是美的化身。「情境之美」則不同，一旦情況有所變化，美也會隨之消逝。春日的曙光、秋天的夕暮之美，都無法長久持續。對於情境之美分外敏感的日本人，也因此認為美並非亙古不變，而是瞬息萬變、稍縱即逝的，所以更顯珍貴且值得憐惜。日本人之所以至今仍年年熱愛春天賞櫻、秋日賞月等欣賞季節之美的例行活動，便是源於此。

事實上，如同清少納言的精準洞察一般，日本人眼中的美會隨著季節移轉、時間流動而更迭，與自然的脈動息息相關。這部分只要觀察江戶時期廣受大眾歡迎的各地名所繪，想必就能心領神會。

所謂的名所繪如字面所示，是將各地必看的場所、深具造訪價值的地點予以描繪的作品，卻並非單純地呈現場所而已。例如廣重晚年的系列名作〈名所江戶百景〉中雪後放晴的日本橋、櫻花滿開的飛鳥山（193頁）等，總是描繪了伴隨季節、與自然融為一體的情景。實際上該系列的完整版正是以春夏秋冬四部的形式分類，只不過分類的並非廣重本人。當初廣重在創作時並沒有設定順序，而是以隨機零散的方式畫出江戶值得造訪的各個景點。結果推出後深獲好評，在接連描繪了一百一十八件作品後，廣重於六十二歲因病辭世。爾後出版商委託其他畫家追加畫作與扉頁繪各一件，整理成總計一百二十件作品的完整版，並將內容根據季節分類後刊行。換句話說，起初各別創作的名所繪由於內容與季節風情、年間節慶有所連結，才使得四季分類法得以成立。可見所謂的名所，正是江戶市街與自然相互結合而誕生的產物。

如同江戶時代人們對名所繪的熱衷，時至今日，人們也會購買觀光明信片作為旅行的紀念品。若是前往巴黎、羅馬，紀念品店前總是陳列著各式各樣的明信片，其中多半是巴黎聖母院、凱旋門、艾菲爾鐵塔等，並如實呈現這些深具代表性的紀念性建築。然而，如果觀察日本的觀光明信片，看到的則多半是櫻花盛開的清水寺、白雪覆蓋的金閣寺等，絕大多數都妝點著季節風情。當然清水寺、金閣寺本身已是精彩迷人的建築，但日本人偏好的風景名勝相片，是與自然變化相互組合、搭配的景物。這或許也是深愛「情境之美」的日本人，所顯露出來的審美意識吧！

（二〇〇七年）

大觀與富士山

二〇〇七年位於東京六本木的國立新美術館為了紀念橫山大觀逝世五十週年，舉辦了規模盛大的回顧展。展覽集結了橫跨明治、大正、昭和三代，在近代繪畫史上留下深刻足跡的巨匠所創作的諸多代表作。仔細花時間欣賞各種從美國返鄉的珍貴畫作以及廣為人知的知名作品之後，我在接近會場出口的一幅畫作前佇足流連許久，即橫山大觀晚年的名作〈某日的太平洋〉（或る日の太平洋）。

晦暗陰沉的天空劃過詭異的閃電，從海底深處竄出猛烈翻騰的驚濤巨浪，並在中央處分裂成左右兩股狂流，氣勢磅礴地覆蓋整個畫面。在狂暴猛烈的浪濤中，一隻蛟龍痛苦地扭動身軀、奮力苦鬥，企圖從中掙脫；牠的目標正是位於遙遠的彼方，在畫面上部展現沉穩秀麗姿態的富士山。

大觀被封為「富士的畫家」，正如這個封號所示，他十分喜愛以此靈峰為主題進行創作。大觀終其一生描繪的富士山作品包含素描在內，數量高達千件以上；而眾多作品中，也很少見到在如此波濤洶湧的大海上描繪富士山的例子。由驚滔駭浪的太平洋與靜謐端正的富士山形成強烈對比的這件奇特作品，大觀究竟寄予了什麼樣的情思？

對大觀而言，富士山曾是祖國日本的象徵，以〈日出處日本〉為其代表作。該作品於昭和十五年（一九四〇）適逢紀元兩千六百年奉祝展呈獻給天皇，現今收藏於宮內廳三之丸尚藏館。畫面右側可見赤紅閃耀的太陽，左邊則是迎接日出的富士山，充滿穩重、尊貴的氣質與威嚴，可說是一件神清氣爽的名作。

然而，大觀沉痛地感受到，這樣的「日本」已經因為戰爭而殞落。昭和二十一年（一九四六），也就是二戰戰敗的翌年正月，大觀在日本美術院的致辭草稿中提到「沒有日本的太平洋」：

三千年的歷史因此潰滅，對於沒有日本的太平洋，我只能感慨萬千、悲痛萬分。但我堅信，憑藉著東亞藝術的能量，必能以先驅之姿引領日本重建，再度昂首闊步於世界之間。

（摘錄自「橫山大觀逝世五十週年」展覽圖錄）

由此我們可以窺見大觀的堅定信念，為了讓一度潰敗的祖國再度甦醒，唯一可以依靠的正是「藝術」的力量。同時，他也展現了強大的決心與意志，期許自己能藉由藝術擔起重建日本的重任。

〈某日的太平洋〉創作於昭和二十七年（一九五二），並於同年的再興美術院展中展出。這一年正好是前年簽署的舊金山和約正式生效之年，日本終於脫離被占領狀態，恢復主權獨立的地位。看著一度化為廢墟的祖國終於能夠重新出發，此時大觀的心中想必感慨萬千。從壯闊波瀾中一躍而上的蛟龍暗示著祖國重建的困鬥，遠方聳立的富士山則是「嶄新日本」的象徵。讓觀者感受到強烈震撼的這件名作，儼然是對於時代動向極度敏銳的大觀所吐露的心情。

為了實現這般特殊的構想，大觀深入研究日本的傳統，並將它應用在繪畫創作上。之所以這麼說，是因為〈某日的太平洋〉並非第一個將富士山與龍結合的作品，也並非大觀獨自的發想。倒不如說，自江戶時代以來，認為這座神靈之山棲息著神龍的信仰早已相當普遍，繪畫史上也有許多畫家採用富士與龍的主題創作。最著名的例子，便是葛飾北齋最晚年的傑作〈富士越龍圖〉。在這件浮世繪中，描繪了象徵北齋自身的龍正遠遠越過富士山頂，高騰至浩瀚穹蒼的姿態。

靜岡縣立美術館研究員山下善也針對這類被通稱為「富嶽登龍圖」的多數作品進行詳細調查，釐清最初將這個主題以明確形式加以繪畫化的正是狩野探幽，而探幽則是從摯友詩人石川丈山的漢詩作品中獲致靈感。丈山的詩作如下：

仙客來遊雲外巔，
神龍栖老洞中淵。
雪如紈素煙如柄，
白扇倒懸東海天。

右上・橫山大觀〈某日的太平洋〉，１９５２年，東京國立近代美術館藏
左上・葛飾北齋〈富士越龍圖〉，１８４９年，北齋館藏
下・橫山大觀〈靈峰飛鶴〉，１９５３年，橫山大觀紀念館藏

丈山的這首七言絕句在文人墨客間深獲好評，明治時期的畫家富岡鐵齋也以此詩為發想，留下了描繪富士山的佳作。

除了神龍棲息的傳說，富士山自古以來也盛傳是仙人與仙女聚集的場域。雖然無法確定是真是假，但九世紀的文人貴族都良香曾經留下紀錄，提到平安時代曾有許多民眾親眼目睹穿著華美衣裳的兩位仙女優雅地在富士山頂翩翩起舞；而能劇的世界裡廣為人知的劇目〈羽衣〉，也是在描寫富士山天女的傳說。丈山在上述七言絕句中以「仙客來遊」作為開頭，一般也認為與這些傳說有關。

然而這句開頭卻可以有截然不同的詮釋。我最近剛好讀到一篇年輕學者的論文，讓人受益良多，裡面提到「仙客」自古便是仙鶴的別稱，因此丈山的詩句也可以解釋成富士山周圍群鶴集結飛舞的樣貌。

鶴是眾所周知的吉祥象徵，而富士山亦然。如同江戶時代以來的風俗信仰，正月初夢最希望夢見的吉兆分別是「一富士、二鷹、三茄子」[1]，人們相信無論是仙鶴或者富士山，都能夠帶來幸運。就好比富士山與神龍因為共通的神靈性而被結合，富士山與仙鶴也同樣因為象徵吉祥而被配對成雙。

這番詮釋確實有其道理，畢竟以富士山與仙鶴為組合創作的畫作並不少。例如長澤蘆雪的〈富士越鶴圖〉描繪了排成一列的鶴群，環繞在端正屹立的富士山腹，悠然飛翔；此外，三之丸尚藏館藏有近代畫家堂本印象的〈靈峰飛鶴〉，為一件六曲一雙的屏風畫作。右隻繪有朝向天際飛翔的兩隻巨大白鶴，左隻則有富士山聳立於愛鷹山彼方，無疑是優雅流麗的吉祥畫。

有趣的是，大觀在完成〈某日的太平洋〉之後，翌年又創作了名為〈靈峰飛鶴〉的作品。此次的大觀逝世五十週年回顧展，這兩件作品比鄰展出，〈靈峰飛鶴〉描繪了在晴朗晨光中，為無數自由散飛的鶴群所圍繞的端莊富士，正好與〈某日的太平洋〉詭譎暴烈的氛圍截然不同，呈現一片無限安穩平和的世界。這也許是大觀意象中富士山的另一種姿態；又或者，是他夢想中日本未來的樣貌。

（二〇〇八年）

1 譯注：「一富士、二鷹、三茄子」是正月第一次作夢時，最受日本民眾期待的夢境排行。其由來眾說紛紜，一說認為三者皆為駿河（相當於今日靜岡縣）的名物。富士山之崇高神聖無庸置疑；鷹指的是從富士山麓進出的特殊禽鳥，因為氣宇非凡，有「駒返」之美稱；駿河國生產的茄子採收期遙遙領先其他藩國，價高深獲德川家康喜愛。另一說則為德川家康最鍾愛的風景是富士山，最喜歡的活動是獵鷹，最偏愛的食物是茄子。

「流轉之春」的去向

這是發生於二〇〇八年，在愛知縣立美術館觀賞「誌上的烏托邦」特別展時的事情。該展覽的副標題為「近代日本的繪畫與美術雜誌 一八八九─一九一五」，網羅了橫跨明治期到大正初期的美術雜誌、插畫、版畫與相關作品，而我在會場出其不意地與青木繁的〈逝去的春天〉（逝く春）相遇，驚喜萬分。我從很久以前就對這件充滿謎團的爭議之作相當在意，卻是第一次見到實際作品。意料之外的相遇讓我佇足許久，無法動彈。

畫面上描繪了一位身穿和服的女性坐在椅子上，並將古琴置於膝上的樣貌。她的雙手略帶躊躇地撥動琴絃，眼神若有所思地望向遠方，看似心不在焉的神情一點也不像在演奏音樂。這位女性臉型瘦長，留有一頭厚實秀髮，確實是青木繁偏好的女性形象；周圍擺置的孔雀羽毛、古代樂器的阮絃、鏤空雕刻的斜紋格子柵欄、《源氏物語》的書冊等，皆為青木鍾情的用具配置。此外，在畫面上部有著「S. Awoki／1906」的署名與年代，無論是誰看到這幅畫，都會自然而然地認為是出自青木繁之手。

然而，事情並非如此單純。畢竟在這件作品於一九〇六年（明治三十九年）發表的前一年，也就是明治三十八年的太平洋畫會展覽上，福田種曾展出了同樣題為〈逝去的春天〉的作品。如今福田的這件作品已不知去向，但查核當年的翻拍照片，發現兩者在整體構圖上極為相似，周圍靜物的配置也幾乎如出一轍；除了服裝的細部表現、背景的鋪陳有些微差異，女性的臉頰則明顯豐腴許多，有違青木的風格。因此關於這兩件作品的關係，特別是青木涉及程度的多寡，一直以來都備受討論。

為這個問題提供合理解答的，是收藏現存作品的府中市美術館在修復作品之餘，利用X光攝影等光學技術進行精密調查後，於平成十一年（一九九九）由該美術館的研究員志賀秀孝基於調查結果所發表的詳細論述。若是省略多方面的詳述與辯證，只就結論來概述，即是先有福田種創作的〈逝去的春天〉，於太平洋畫會展覽展出後再由青木繁著手修改。亦即現存的畫作為兩個人攜手合作的作品。此次的展覽也承襲了這番見解，將作者名標記為「青木繁．福田種」。

從美術史的角度來說，這件作品還有許多值得探討之處，例如與前拉斐爾派的關係等，只不過這方面先暫且不談。在此我想討論的是作品的主題，特別是針

福田種、青木繁〈逝去的春天〉，1906年，府中市美術館藏

對發想靈感的部分。

當我在特別展的會場裡佇立於這件作品之前，腦海裡冷不防地浮現了與謝蕪村的名句，彷彿為這幅畫作提供了些許蛛絲馬跡：

感嘆春天流轉邁入尾聲，抱起琵琶置於膝上準備彈奏，卻驚覺熟稔的琵琶變得如此沉重，正如同春天將行走遠的鬱悶。

（行く春やおもたき琵琶の抱き心）

當然，作品中的情境大有不同。無論天明年間的詩人蕪村是以何種意象吟詠詩句，但想必不是坐在椅子上的女性吧！更何況，畫作中的女性環抱的並非琵琶，而是古琴。儘管如此，我之所以近乎反射性地聯想到蕪村的詩句，顯然是因為「逝去的春天」這個題名。

甚者，這個聯想的背後或許與畏友芳賀徹的著作《與謝蕪村的小小世界》（中央公論社，一九八六年）所帶給我的強烈印象有關。這是一本教人難以忘懷的好書，芳賀徹特別在書中加入名為「沉重的琵琶」之章節，詳細討論「流轉之春」的系譜，並深入探究其意義。在該章節中，他首先提到白居易的詩句，緊接著分析了詩人松尾芭蕉「春已行，鳥悲啼，魚目泛淚（行く春や鳥啼き魚の目は泪）」的詩句；而對於承繼其後的蕪村，芳賀徹客觀理性地論證，說明他開啟了與先人截然不同、嶄新的感官之美的世界，詩句中飄盪著難以言喻的憂愁與無盡耽溺的倦怠感。換句話說，這些詩人分別建構屬於自己的獨特世界，但文字深處卻都隱藏著對於季節更迭的惋惜之情，如同持續低音一般不斷迴盪。芳賀徹指出，這在西洋幾乎找不到類似案例，屬於「東洋獨有、纖細的陰翳詩情」；或者，也可以稱為相對於西洋追求亙久不變，所形成的「無常的美學」。「流轉之春」不只是單純地描述自然現象，而是一種面對季節變遷感受到哀傷與幽情的心境表現。由於這種獨特的審美意識，才造就了許多扣人心弦的佳句與名吟。

就算擴及至美術領域，也可以觀察到同樣的現象。西歐繪畫中有眾多以「春」為主題的作品，幾乎都洋溢著生命力，歌頌華美和煦的春光景致。對於行將走遠的春天投射深切哀愁的意念、予以描繪的案例實在少見。然而環顧日本美術的歷史，描繪「流轉之春」的範例卻是應有盡有。

當下我首先聯想到的，是竹內栖鳳的名作〈惜春〉。縱長將近一．五公尺的畫面絕大部分被看似平凡無奇的大量柴薪所占據，這些柴薪並非擺放得井然有序，而是隨興地雜亂堆積，下方地面上甚至散落著零星的木柴，乍看之下可說是與詩情無緣的無趣主題。然而栖鳳卻在單調的柴薪上散綴淺紅色的小巧花瓣，並在柴堆上端描繪了一隻佇足停留的樹鶯。這隻別名「報春鳥」的小鳥與點綴地面的美麗花瓣片片相映，醞釀出彷若夢境一般優雅豔麗的晚春光景。

另一個絕佳好例，則是被指定為重要文化財的河合玉堂之作〈流轉的春天〉（行く春）。這件六曲一雙的屏風大作，畫面描繪著一整片綠意盎然的山巒，以及穿梭流淌其間的潺潺溪流，還可以看見擺渡人的身影。畫面整體飛舞著無數的櫻花花瓣，令人不禁想起吉田兼好在《徒然草》中所記述的意境：「並非只有盛綻時分的花朵、清朗無雲的皎月才值得一看。」

再把話題拉回文章一開始由青木繁、福田種攜手合作的〈逝去的春天〉，這件作品毫無疑問地承繼了感嘆無常的美學傳統。會想出這樣的題名，應該是出自熱愛文學的青木繁，而當下在他心中，肯定迴盪著芭蕉、蕪村或是其他詩人的詩歌。而我之所以從這件作品身上立刻聯想到「沉重的琵琶」的詩句，正是因為畫中人物抱著樂器的緣故。

當然，畫中的樂器並非琵琶。在日本如果提到琵琶，多半都認為是男性的專利。芳賀徹也表示，蕪村詩句中環抱琵琶的大概是王朝風的貴公子。此外，或許也有些人會聯想起《平家物語》等作品中提及的盲僧琵琶法師，例如同樣參與了明治三十八年（一九〇五）太平洋畫會展覽的鹿子木孟郎，當時的展出作品正是以〈琵琶法師〉為題。無論如何，如果琵琶的世界是以男性為主，那麼青木會認為女性適合抱著古琴鳴奏，也就不足為奇了。然而，這又會衍生出另一個疑問：他為何要將畫中角色設定為女性？

在回答這個疑問前，必須先釐清青木繁、福田種為何在畫題〈逝去的春天〉（逝く春）使用了強調「逝」的特殊表記法。這個用語通常日文的書寫方式是「行く春」，也就是「流轉之春」，儘管芭蕉、蕪村等人有時會使用「行春」或是「行くはる」，但幾乎找不到使用「逝く春」的案例；就算放眼其他俳句詩人的作品，也幾乎沒有類似的用法。原本寫作「逝く」的動詞意指逝去不復返，帶有訣別的意味，因此並不適合用來形容不斷循環的季節變動。「逝く春」在文意上，本來就不具合理性。福田種究竟為何會在如此重要的參展作品上，使用這般不自然的題名呢？

關於這個部分，先前提及的志賀秀孝提出了十分耐人尋味的論述與假說。在著手這件作品時，福田種年僅二十一歲，當時已經懷有青木繁的孩子，正好是即將成為人母的時期。此時無垢的青春邁向終止，在這種情況下，志賀氏得到了以下的結論：「面對即將消逝、彷若海市蜃樓般的少女時代，福田種將激憤、迷戀不捨的情感，藉由古典的調性予以捕捉，勾勒出反映其精神層面的自畫像。」

〈逝去的春天〉是對於青春的訣別，這個看法確實有其道理。既然是福田的自畫像，當然描繪的主角就必須是女性；也因此，代表男性的琵琶順勢轉換成古琴。自古以來，以「流轉之春」為主題孕生出許多優秀詩歌，到了明治時期則又譜出另一個教人難以忘懷的旋律。

（二〇〇八年）

唱歌與音樂教育

二〇〇七年適逢東京上野的東京藝術大學創立一百二十週年，當時舉辦了各式各樣的紀念活動，相信對於相關人士來說記憶猶新。事實上，東京藝術大學的前身為東京美術學校與東京音樂學校，兩者雖然同時創立於明治二十年（一八八七），教育方針卻是大相逕庭。美術學校無論是繪畫、雕刻、工藝等領域，均徹底排除西洋式的教育，僅以日本的傳統技法作為教學內容；相對地，音樂學校則是承繼「文明開化」的趨勢，採取全面接納西洋音樂的方針。

其實在美術的領域，明治政府早已於明治九年（一八七六）創辦了官設的美術教育機構——工部美術學校，並禮聘來自義大利的馮塔聶西等外籍教師，導入西洋式的美術教育。到了明治十年代中期，伴隨復古潮流的崛起，工部美術學校施行的全盤西化美術教育飽受批判，最終走向廢校的命運。再加上深受日本美術感銘，強烈擁護傳統美術的費諾羅薩等御聘外國人教師的意見受到重視，都是致使美術教育走向日本化的主要原因。

然而，在日本近代音樂的世界裡，既沒有馮塔聶西，也沒有費諾羅薩的存在。如果一定要舉出一個扮演類似角色的外籍教師，或許可推舉明治十二年（一八七九）政府設置音樂教育審查部門「音樂取調掛」時所聘僱前來日本的梅森（Luther Whiting Mason）。只不過梅森停留日本的時間不長，原為傳教士的他由於推行將基督教的讚美歌應用於日本的歌唱教育，因而遭質疑利用音樂宣教，於明治十五年（一八八二）短暫返美之際，順勢被明治政府解任。雖說梅森只有短暫停留，但他大力鼓吹歌唱之於學校教育的重要性，更與伊澤修二攜手編纂《小學唱歌集》，可謂貢獻良多。日本在西洋音樂的導入上，於是首先以「唱歌」的形式逐漸具體成形。

山東功所著之《唱歌與國語——明治近代化的裝置》（講談社，二〇〇八年）不僅探索「唱歌」誕生的脈絡與其後的歷史，更以嶄新的視點論述「唱歌」與同時期「國語」的形成有著密不可分的關係，並將兩者相互對照、討論，是一本值得閱讀的好書。

為了成為與西歐先進諸國並駕齊驅的「文明國」，明治政府很早便開始仿效西歐的政治與社會制度，也就是所謂的「文明開化」。當時高舉國民皆學的理念，強調「必定讓邑無不學之戶，家無不學之人」，並於明治五年（一八七二）頒布學制政策。此時列舉的學科當中，可以看到四年制的下等小學設有「音樂」科目，往上銜接四年制的中等小學則有「奏樂」科目，卻都只有掛名，內容的部分皆為空白。實際上，在樂譜與樂器仍不普及的時代，對於究竟該如何教授西洋音樂多半是一頭霧水；光是樂器，無論鋼琴、風琴或是小提琴，皆全數仰賴海外進口，日本第一台國產風琴甚至要等到明治二十年（一八八七）才問世。在這般限制下，「奏樂」科目顯然窒礙難行。作為不得已的非常手段，改由教師彈奏風琴、讓學生隨樂演唱的「唱歌」因此成立。前面提到的《小學唱歌集》全三編，便是作為教材而編成的。

雖說是一時之策，卻出乎意料地成效卓著，《小學唱歌集》對於日本音樂文化之壯大功不可沒。三編共九十一首歌曲當中，儘管有部分更改了題名，至今卻依然廣為傳唱，例如「握緊拳頭・張開手」（原題「放眼望去」）、「螢之光」（原題「螢」）、「蝴蝶」、「庭之千草」（原題「菊」）等等。這些曲子多半源自於西班牙、蘇格蘭的民謠，因為與日本人的情緒感受性極為契合，所以時至今日仍備受喜愛。編纂者當年在選定歌曲時可說是慧眼獨具，值得高度評價。

然而即便旋律悅耳，歌詞卻沒那麼容易處理。當時負責作詞的主要是音樂取調掛的成員，必須先將原案送交文部省修正後，方能定案。山東氏針對歌詞往返修正的過程與部分案例加以分析，發現當文部省針對不適用於教材的歌詞內容與用字遣詞挑三揀四，音樂取調掛也毫不退讓，以追求音樂性及易唱性為訴求，據說雙方有時甚至會掀起激烈的論戰。更何況音樂取調掛成員中也有不少兼任國語教育的專家，而且比起洋學派更偏向精通和學的國學派，所以才會出現如此有趣的情況。畢竟，歌詞無論如何一定會牽涉到語彙的問題。

唱歌作為學校教材的一環，爾後也陸續誕生了許多歌曲。與此同時，「國語」這個科目也逐漸完善。山東功在《唱歌與國語》詳加追溯了以荷蘭語、英語的文法為範例的日本語文法，特別是「學校文法」的成形過程，發現唱歌的推廣與國語的成立是相輔相成的。事實上不僅國語教育會利用唱歌進行教學，其他像是地理、歷史科目也會作曲當成輔助教材，例如大和田建樹廣為人知的「鐵道唱歌」正是應用於地理教育的代表性範例。於是，作為國民國家統一語言的「國語」與肩負國民共有知識普及化的「唱歌」，各自的角色與功能便相當明確了。該書的副標題「明治近代化的裝置」，正是這個意思。

另外關於《小學唱歌集》，藍川由美先前曾於《這樣就行了嗎？日本的歌曲》（これでいいのか、にっぽんのうた，文春新書，一九九八年）一書中提出不容漠視的重要論述。她認為不論緣由為何，日本近代音樂教育能從「唱歌」跨出第一步實屬幸運。理由之一在於日本長久以來比起純粹的器樂，作為歌唱或舞蹈伴奏的音樂相對發達，幾乎都是以歌曲本身為主角；其二，在日本傳統上「翻唱歌曲」一直扮演著重要角色。所謂的民謠或是廣受歡迎的歌曲，原本就經常在長時間傳唱的過程中更改歌詞或是重新創作，而在日本，例如童謠或者民謠，更是特別容易隨著時代與地域的不同而改唱。就連讚美歌也未必源自宗教音樂，而是結合讚美神的詩歌與世界各地的民謠、名曲而誕生的「翻唱歌曲」。所以，將西洋世界的民謠譜上日文歌詞加以傳唱，一點都不奇怪。「正因為如此，才能夠在極短的時間內，讓原本與日本傳統音樂無緣的西洋音樂深植人心。」換句話說，在輸入西洋音樂的過程中，日本人依舊保留並發揮一脈相承的獨特感性。藍川氏的見解實在精闢。

相信不只是音樂，日本的近代化想必在其他領域也同樣受到這般獨到感性的支持與輔助。又或者回溯到更久以前，也許早在接納自大陸跨海而來的文化之時，就已經存在同樣的機制。

（二〇〇九年）

傳統主義者福澤諭吉

二〇〇九年於東京上野的國立博物館舉辦的《開拓未來 福澤諭吉展》，我在會場上與福澤的一件書軸相遇，上面豪邁流暢地寫著「國光發於美術」。據說真跡如今不知去向，現場展示的不過是精巧的複製品。雖然書寫時間不明，但「國光發於美術」這句強而有力的話語，簡明扼要地突顯出福澤的思想與主張。

所謂的「國光」如字面所示，意指一國的榮光，卻並非單純的政治影響力或是強大的經濟、軍事力量，至少應該不止如此。正如久米邦武詳實記錄明治初年（一八六八）岩倉使節團為了實地調查西歐先進國家人文發展而遊訪歐美各國的《米歐回覽實記》在開頭處提到的「觀光」一詞，這裡的「光」指的正是「文明之光」。言下之意，即「美術」最能體現一個國家的文明程度。這般思想可以說正好和岡倉天心於明治二十二年（一八八九）美術雜誌《國華》創刊辭首段所做的宣言「美術乃國家之精華」不謀而合；可見在這一點上，以西歐為模範大力推動文明開化的近代理性主義者福澤諭吉，與屢屢被視為保守派傳統主義者的岡倉天心，竟意外地有著相近的信念。

補充一下，在福澤身處的年代，「美術」是一個相當嶄新的詞彙，當時其定義仍舊曖昧不明。當然，日本早從江戶時代以前便存在著許多美術作品，只是「美術」這個名詞（包含其概念）尚未誕生。該名詞首見於明治六年（一八七三）籲請參加維也納世界萬國博覽會的告知文，當時所謂的「美術」不只包括繪畫、雕刻，也涵蓋如音樂、詩歌（文學）等範疇，相當於今日我們泛稱的「藝術」。爾後，「美術」的內容逐漸收斂並特化為造形美術，費諾羅薩的演講〈美術真說〉（明治十五年）更將範圍鎖定於繪畫領域，直到東京美術學校創立的明治二十年（一八八七）左右，「美術」一詞才確立了與現今類似的用法。因此，當福澤揮毫寫下「國光發於美術」時，我們無從判斷他對於「美術」的定義，但可以確定的是，它必然意味著藝術性創造活動的成果。

然而更令人好奇的，是福澤看重作為一國文明尺度的「美術」的態度，與吸納西歐社會制度與物質文明的開化論，兩者又是以何種形式結合在一起？

福澤在《福翁自傳》中，提及自身「無藝無能，除了書畫，關於骨董、美術品完全一竅不通」，既沒有美術愛好，也不具任何蒐集興趣。比較有名的是他在《福翁自傳》提到自己畢生僅有一次買下整批美術品，當時福澤正好造訪位於日本橋的友人，在接待室裡看到「滿滿的金色屏風、蒔繪、花器」，經詢問後才知道原來是要輸出到美國的物件。雖然當中沒有任何想要的東西，但福澤表示比起賣到國外還不如自己買下，於是以二千二、三百日圓整批收購。換句話說，福澤並非對這些美術品一見鍾情，購買之後「也沒有拿出來鑑賞，既不知道價值，也不記得數量，只覺得礙事、占空間」，態度相當消極。對於福澤來說，「國之光」的美術品橫渡到國外，也許就如同日本國家的一部分被切割、兜售一般難以忍受。他在動盪的明治時代強烈主張吸納西歐文明，並不是希望讓日本變成與西洋諸國相同的國家，而是在冷靜思考近鄰的亞洲諸國陸續被列強的帝國主義併吞、淪為殖民地的現狀後，深知要讓日本保有獨立自主並與西歐諸國相抗衡，西化是一條必然的道路。而能夠維持日本的原貌並確立日本人自我認同的，正是廣泛定義下的「美術」。

前述有關福澤買下整批外銷美術品的軼事，據說發生於明治十四、五年左右。同一時期，福澤也發表了攸關其思想的重要論述，即明治十五年（一八八二）從四月至五月分成十二回刊載於《時事新報》的〈帝室論〉。他在文中主張皇室不須置身於直接統治的要衝，而是立足於「政治、社會之外」，成為全體國民的心靈依歸及精神支柱，並「化作高尚學問的中心，同時保存諸藝術，拯救其免於衰頹之途」。換言之，也就是延續過去的慣例，期待皇室能夠扮演學問與藝術的贊助者（福澤對於皇室在藝術領域的期望，於八年後的明治二十三年透過帝室技藝員制度的確立得以開花結果）。

福澤主張要「保存」的「諸藝術」，是指悠長歷史中所培育、形塑的「日本固有之技藝」，更進一步引用福澤本人所言，即「日本固有之文明」，是毋庸置疑的「國之光」。其涵蓋的具體內容十分廣泛，非常符合眼觀四方的務實家福澤的作風。以書畫、雕刻、工藝（蒔繪塗物[1]、織物染物、陶器銅器、刀劍鍛冶）為首，進而涉及音樂、能樂、插花、茶道、薰香，以及遵循「禮儀作法」的各種藝道、劍槍術、馬術、弓箭、柔術、相撲、游泳等武術，另外還有木工、泥牆等建築技術、盆栽植木、料理割烹，甚至包括圍棋將棋。若以今日的話語來形容，乃是包含日常的生活文化，突顯日本民族獨特性的核心事物。實際上早在明治十一年（一八七八）五月，福澤於《民間雜誌》投稿〈國家的裝飾之事〉一文，強烈批判當時神佛分離政策導致的廢佛毀釋風潮，哀嘆許多優美的殿堂伽藍荒廢腐朽，以此大力鼓吹由國家推動文化遺產保存的重要性。

福澤從很早便留心文化遺產保護的重要課題，與他年輕時代參與西洋情勢調查的經驗息息相關。特別是文久二年（一八六二），正值二十九歲的福澤作為幕府訪歐使節團的隨行成員，遍訪法國、英國、荷蘭、普魯士、俄羅斯、葡萄牙等國，不僅針對政治、社會、軍事、產業等諸多設施與制度進行深入調查，同時前往以大英博物館為首的多處「展場」、「博物館」增廣見聞。碰巧當年在倫敦舉辦世界萬國博覽會，福澤自然不會錯過；不僅如此，他甚至千里迢迢造訪當時已遷至倫敦郊外的第一屆世界萬國博覽會會場水晶宮。福澤親眼見證了各個國家是如何謹慎保存過去歷史所孕生出的珍貴藝術遺產，展現對於故鄉的摯愛與榮耀感，想必因此深深體會到這些正是支撐一國獨立與榮光的重要基礎。儘管福澤諭吉身為打破舊制的領導人物，時常被認定為激進的歐化主義者，然而面對「美術」這個領域，他卻懷有對歷史的無盡熱愛與敬意，是個貨真價實的傳統主義者。

（二〇〇九年）

1 譯注：蒔繪塗物泛指漆器工藝。

寄予白梅的情思

二〇〇八年初夏，我造訪了位於滋賀信樂深山的 MIHO MUSEUM 所舉辦的「與謝蕪村」展，在展場裡看到一尊小巧的木雕雕像，為頭上包著頭巾、穿著羽織[1]，端然跪坐的蕪村像。雕像的臉朝向正前方直視，左手拿著展開的扇子，右手則朝向膝前的硯台，看起來像是在構思即將下筆於扇面的文句。

這位天明年間的詩人有不少肖像畫傳世，也包含自畫像在內，但木雕雕像卻相當罕見。底座正面刻有「蕪村翁」的字樣，背面則寫上「天明三年癸卯十二月廿五日 行年六十八歲／想起還曆壽像 齋戒沐浴 月溪作之」。這是蕪村過世後，依據其還曆之年的肖像所雕刻而成的追悼之作。作者月溪跨足書畫與俳句兩大領域，是受教於蕪村的弟子之一，於蕪村臨終之際伴其左右。不僅如此，蕪村還將此生最後的吟唱託付給月溪，因此可說是蕪村最親密、最值得信賴的同伴之一。

如雕像背面的銘記所示，蕪村歿於天明三年（一七八三）十二月二十五日拂曉時分。當時的情況可參考同為俳諧門人的高井几董所撰寫的〈夜半翁終焉記〉，收錄於蕪村歿後所編纂的追悼文集《唐檜葉》。

依據此文，十二月中旬以降，蕪村病狀漸重，妻女與月溪日夜隨侍在側。十二月二十四日好不容易病情趨穩，也恢復往常言談，蕪村於是呼喚月溪來到身旁，表示腦海裡浮現了詩句的構想，要他提筆寫下。月溪慌忙準備筆墨、用紙，蕪村先是吟唱了兩句：

王維隱居的輞川莊牆垣飛來了冬鶯，
在霜雪覆蓋的竹林草間發出低鳴。

接下來蕪村思索片刻，繼續吟詠：

臥床難眠的我，隱約窺見白梅在破曉薄暮中的芬芳與綻放。

吟畢，蕪村指示此詩題為「初春」。几董在追悼文中如此敘述：「以此三句為生涯畫上終點，彷彿沉睡一般，一心念佛，極樂往生。」而白梅這一句正如字面上的意思，是這位超凡入聖的詩人辭世之絕唱。在生涯最後的瞬間，蕪村似乎拋卻對俗世的一切執念，於逐漸朦朧的意識中，看見接近黎明時分在破曉晨霧的冰涼氣息裡獨自凜然挺立的白梅。白梅玲瓏、香氣迴盪的澄淨意象，是身為傑出詩人兼畫家的蕪村最後到達的至高境界，留予我們難以忘懷的深刻印象。

而陪伴老師走完最後一程，強忍著淚水提筆記下辭世之句的月溪，想必更是覺得刻骨銘心。日後在月溪的心裡，白梅的意象與對老師的思念便緊緊相連。

蕪村向月溪口述最後的詩句之後，靜靜地闔上雙眼，問道：「夜仍深吧！」，可見蕪村已經失去了時間感。對於老師的詢問，月溪噙著淚水，吟詠了一句：

天明時分，鐘聲彷彿被凍結了一般，嘶啞裂吼，深深慟哭。

「嘶啞裂吼」這麼強烈的字眼，蟄伏著無法壓抑的深切悲慟。蕪村寂滅後，也許正是深切的思念與哀痛驅策著月溪將他生前的樣貌雕刻成木雕雕像。

松村月溪生於京都錢幣發行所的官吏之家，據說甚早便展現優異的繪畫與吟詩天分。師事蕪村原本是為了專精於俳諧連歌的學習，但同時也將老師富含抒情性的文人畫風紮實地內化成自己所學。事實上從此時開始，與其說是俳人，一般人多半將月溪認定為畫家。而承繼蕪村衣缽，號稱「夜半亭三世」的並非月溪，而是几董（蕪村繼承初代早野巴人之後，以二世夜半亭為號）。月溪是他作為俳句詩人的別號，現今則以作為畫家的「吳春」之名廣為人知。以下因為談及畫業，將改用吳春之名繼續陳述。

蕪村歿後，吳春轉而投入蕪村友人圓山應舉門下，學習與文人畫大相逕庭的寫生派畫風，也參與了當時應舉率領門下師生完成的大乘寺的襖繪[2]製作工程。其實應舉始終沒有將吳春視為弟子，而是將他視為蕪村的高徒加以禮遇，只不過吳春直到寬政七年（一七九五）應舉辭世之前皆以弟子自居，積極吸收學習其作風。因此在應舉歿後，吳春以基於寫實的精密描寫融合優美的情感表現形成獨樹

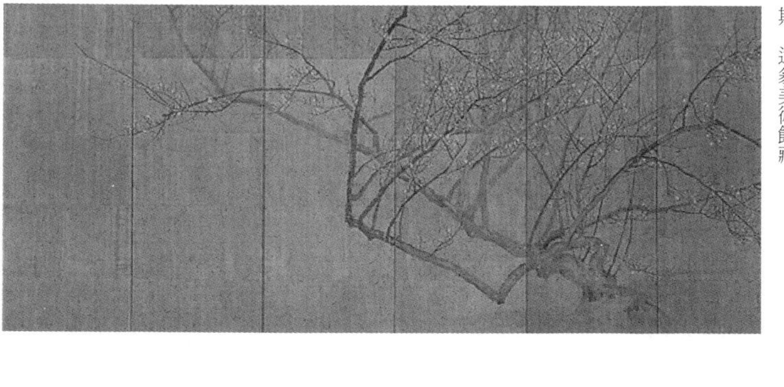
吳春〈白梅圖屏風〉，江戶時代寬政期，逸翁美術館藏

一格的畫風，奠定了京都四條派的重要基礎——以上便是主流美術史的概述。

儘管這番描述正確無虞，但並非意指蕪村死後，吳春便捨棄文人畫，轉而投入寫生派。即便是在應舉門下學習的時光，吳春想必也從未忘卻先師的教誨，臨終伴隨在側的強烈體驗與深切思念縈繞於心，對於他日後的創作活動持續發揮影響力。

展開這般考察的契機，源自於大阪府池田市逸翁美術館收藏的大作〈白梅圖屏風〉。這件被指定為國家重要文化財的吳春代表作為六曲一雙的屏風，畫面整體覆蓋著沉穩、單一的灰青色調。右隻屏風繪有一棵枝椏曲折蜿蜒的白梅樹，左隻屏風則配置了兩株小巧白梅，像是對巨大梅樹懷抱憧憬一般朝右側延伸，充滿巧思的構圖與清冽的抒情性營造出超越日常的靜夜氛圍，令人印象深刻。雖說是夜晚，卻並非暗黑深夜，而是如畫面所見，依然能夠朦朧地察知到梅色之白的微明時分。

此處稱得上絕無僅有的奇特灰青色背景並不是透過塗抹上色，而是將粗絹絲染成藍色後平織成布，再貼覆於屏風之上，也就是使用了相當費工的素色特製布

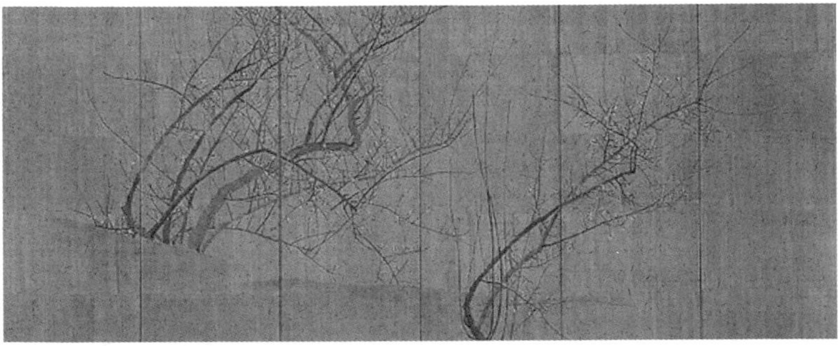

面為底。由此便能看出吳春對這幅作品的用心程度。

關於製作流程的細節並不清楚，但依據左右兩隻屏風「吳春寫」的落款字樣屬於天明年間獨特的行體落款，以及描繪梅樹的筆法更傾向於圓山派，因此大部分研究者都一致推斷此件作品的創作時間落在天明末年至寬政初年。然而，如果從主題的面向再深入考察，應該能夠更加縮小創作年代的範圍。

在微明時分潔白閃耀的梅花意象，無疑呈現了蕪村「白梅在破曉薄暮中芬芳與綻放」的世界。在創作期間，吳春的心裡肯定不斷回想起自己提筆寫下先師辭世絕唱的記憶。更甚者，如果再擴大一點想像力，蕪村關於白梅的詩句說不定正是醞釀出這件奇特作品的泉源。

畢竟若是假設這件作品的製作年代為寬政元年（一七八九）晚期，就會很有說服力。該年十二月，剛好是蕪村的七週年忌日。〈白梅圖屏風〉何嘗不是呈獻給敬愛的先師，表達追悼之情的作品？

此外，事隔多年後的文化四年（一八〇七）正好遇上蕪村的二十五週年忌日，當時吳春也舉辦了追悼儀式。對於先師的深切思念，吳春終其一生縈繞心頭，也蘊生出源源不絕、千古不朽的創作力。

（二〇一〇年）

1 譯注：羽織，用於防寒或是禮裝的短丈外罩和服。

2 譯注：襖，為日式建築中用以隔間的拉門。在拉門上進行繪畫創作正是襖繪的藝術表現。當時許多政治權力者會下令知名的畫師於寺院、城內進行大規模的襖繪製作。

龍、虎以及美術館

二〇一〇年郵票愛好週[1]所發行的紀念郵票中，其中一款圖樣選用了明治時期畫家橋本雅邦六曲一雙的大作〈龍虎圖屏風〉。由於當年的干支正好是寅年，因此才以老虎為代表圖樣。

十二干支中，除了龍屬於架空世界的靈獸，其餘的動物對日本人來說都相當熟悉。雖說老虎並不棲息於日本，人們應當知之甚少，然而伴隨中國大陸傳來的十二干支與四神思想（由青龍、朱雀、白虎、玄武四種神獸掌管四方與季節），抑或是中國傳說、佛教故事的口耳相傳，使得老虎的存在從很早以前便深植人心。也因為如此，描繪老虎的繪畫作品不在少數，例如高山寺代代相傳的〈鳥獸戲畫〉，當中便出現如貓咪一般可愛的老虎身影；此外，江戶時代被封為「老虎畫家」的圓山應舉以及其他為數眾多的畫師，也都嘗試以各種形式表現他們未曾親眼見過的猛獸姿態。

在日本美術史上，雖然可以從正倉院寶物的銀壺、銅鏡中發現老虎的圖樣，但最早由日本人描繪的老虎圖，可以追溯到七世紀末至八世紀初奈良龜虎古墳或是高松古墳的壁畫。幾年前，透過相機捕捉到龜虎古墳的白虎之姿，一時席捲了各大報紙，至今記憶猶新。

白虎與青龍、朱雀、玄武並稱四神，同時結合季節、方位、色彩，形成一個完整的世界觀。老虎在季節上象徵秋季，方位為西，色彩則為白。順帶一提，東為青龍（藍）屬春，南為朱雀（紅）屬夏，北則是玄武（黑），對應至冬季。這些象徵至今依然留存，例如位於東京用以舉行相撲賽事的兩國國技館，土俵上方便垂吊著稱為赤房、白房的流蘇。在我還小的時候，土俵四周並非垂掛四色之房[2]，而是豎立著紅、藍、白、黑的四根支柱，從收音機經常會聽到「現在靠近白柱展開了激烈的攻勢……」的實況轉播。這四色柱或四色之房便是四神的象徵，意味著土俵本身便自成一個世界。

對於古代人而言，四神也是守護城市的神靈。古代的平城京、平安京，便是採納四神相應的理念來建構城市。二〇一〇年正好是平城京遷都一千三百週年，因而舉辦了各式各樣的紀念活動；而和銅三年（七一〇）有關平城京建造的詔令，就曾論及「平城之地，順應四禽之圖，以形成三山鎮」。依據四神相應的概念，城市的理想建造方式為北山、東川、南池、西道，可見配置於西邊的老虎被賦予的角色，便是守護朝著主要街道開展的城市出入口。以平安京為範本打造的江戶城鎮也繼承了這個理念（因受限於地形，所以東西南北的軸線多少有些偏離），在面向西邊東海道的地點設置了「白虎之門」。如今此門雖已不復存在，卻以「虎之門」的地名保留下來。

相較於四神思想，十二干支的動物則更加貼近日本人的生活。試著回想起每年在賀年明信片上熱鬧登場的動物們，就不難想見其數量之龐大。在日本美術史上，十二干支的動物曾以各式各樣的形式反覆登場。

二〇一〇年，東京丸之內的三菱一號館美術館舉辦了題為「三菱夢想美術館」的特別展，當時便展出了明治時期洋畫家山本芳翠的系列作〈十二支〉當中的三件作品。該系列不僅是芳翠的代表作，更是在論述明治時期的洋畫歷史時不

橋本雅邦〈龍虎圖屏風〉，1895年，靜嘉堂文庫美術館藏

容忽略的重要作品；光是就十二干支的圖像表現手法而言，也屬於相當奇特的特殊案例。畢竟，通常十二支的表現多半以動物為主，但芳翠反而以歷史、故事或是風俗作為主題，創造出以人物為中心的畫面。例如此次展覽中展出的「丑」之圖〈牽牛星〉是以七夕的牛郎織女為主題，畫面上身穿著華麗服裝、配戴精巧飾品的織女悠然臥躺的姿態被以極大比例描繪，牛郎則是身處遠方，小到只能勉強以肉眼辨識。換言之，這其實是一幅豔麗優美的「美人畫」。

關於芳翠著手創作這個系列奇作的背景，流傳著相當耐人尋味的傳說。當初，芳翠接受岩崎家家主彌之助[3]的請託，為他屬兔的兒子小彌太畫一幅以兔子為主題的作品，於是芳翠便畫了在原野嬉戲的兩隻兔子。對成品相當滿意的彌之助接著再次請芳翠畫一幅「美人圖」，芳翠答應後完成了一幅美人畫，而在背景處正巧（又或者是故意的）繪有以龍為主題的襖繪。若是將先後完成的兩件作品放在一起，剛好分別是兔與龍，也就是十二干支中的「卯」與「辰」。芳翠於是藉機提議不妨也以其他的十二干支為題繪製系列作品，這讓彌之助相當中意，便約定作品完成之後會全數買下，裝飾於自家宅邸的會客室。

〈十二支〉系列當中的「寅」，則是基於德川家康之母於大之方的傳說而創作的。相傳於大之方前往鳳來寺向藥師如來許願，結果夢見藥師十二神將之一的虎神投入自己懷中，於是懷上了家康。畫面上可見沉穩入睡的於大之方，其身後則是如亡靈般現身的虎神，為整體營造出奇幻的氣氛。至於其他同系列的作品也都各具巧思，充分展現了芳翠出類拔萃的構想力。此外在十二件畫作當中，除了最初的「卯」與「辰」因故散佚，其餘的十件作品皆為三菱重工業的典藏，收藏於長崎的占勝閣。附帶一提，本文開頭處提及的橋本雅邦〈龍虎圖屏風〉，其實原本也是岩崎彌之助的收藏品。

接下來還有一個與龍虎相關的美術話題。

倉敷的大原美術館是日本首座以西洋近代美術為收藏對象的美術館，設立於昭和五年（一九三〇），並於二〇一〇年迎來八十週年紀念。該美術館座落於倉敷美觀地區的中心，此地至今仍保有濃厚的江戶風情，其前方有著天鵝優游其間的倉敷川，渡河之後則是被指定為國家重要文化財的大原邸，以及隔壁的大原家別邸「有鄰莊」。造訪倉敷的觀光客多半不會察覺，橫跨倉敷川的這座石橋的欄杆上，其實刻有碩大的龍形圖案。不僅如此，作為昭和初期日西合璧的住宅建築而在近代建築史上備受矚目的有鄰莊，其欄間[4]部分也有鏤空的龍紋圖樣。這些龍就彷彿是在默默守護著美術館以及整個城鎮。

設計這些龍紋圖案的，是畫家兒島虎次郎。虎次郎不僅是大原孫三郎的摯友，同時也是從旁提供協助的支持者；尤其是關於美術館的創設，甚至可以說是志同道合之人。孫三郎之所以致力於開設收藏西洋美術的美術館，正是受到虎次郎的熱忱所感召，因為虎次郎想讓日本畫家們得以親眼目睹歐洲正統的作品，兩人於是攜手共進。實際上，孫三郎比起西洋更偏好日本或東方的古美術品，所以在美術館的草創階段，收藏品的選定全都交由虎次郎負責處理。虎次郎也無愧於孫三郎的信賴，多次親自造訪莫內、馬諦斯等畫家的畫室，頻繁奔走於展覽及畫廊，不辭辛勞地蒐集最優質的作品。大原美術館的館藏能在國際上備受肯定，都是多虧虎次郎優異的鑑識力與大力奔走。

二〇一〇年適逢美術館創立八十週年，同時也是孫三郎一百三十歲冥辰，因此在同年秋天美術館舉辦了題為「大原孫三郎 日本美術的審美之眼」之特展。

內容有部分是美術館的館藏，但連同其他展品原本皆屬於孫三郎的個人收藏；當中包括雪舟的〈山水圖〉、傳錢舜舉的〈宮女圖〉等兩件國寶在內，亦展出了青木木米、應舉、米山人等人的作品，乃是以江戶時代的繪畫為核心。至於龍虎相關的作品則有應舉的〈猛虎圖〉，以及蘆雪氣勢磅礴的〈群龍圖〉。該展覽不僅是為了向孫三郎致敬，同時也宣示了美術館未來的道路。

話說回來，虎次郎在建築裝飾上之所以特別鍾情於龍的主題，其實與孫三郎屬龍有關。對於虎次郎而言，龍正是同為盟友兼贊助者的孫三郎之象徵。龍與虎，因為兩人緊密的信賴與協力，才成就了一座傑出美術館的誕生。

（二〇一〇年）

1 譯注：郵票愛好週，是基於四月二十日日本郵政紀念日所推出的活動。主旨在鼓勵眾人培養集郵嗜好，同時每年都會推出紀念郵票系列。

2 譯注：四色之房，是巨型的絹製吊飾，形似流蘇穗子，垂掛在土俵上方懸吊式屋頂的四個角。

3 譯注：岩崎彌之助（一八五一～一九〇八），為三菱財閥第二代總裁。

4 編注：日式建築中設置於天花板與拉門上方之間的空間，通常會作為採光、通風或裝飾之用。

詮釋將改變作品的形貌

畢卡索的友人當中，有一位名為紀堯姆·阿波利奈爾的詩人。他是著名香頌〈米拉波橋〉的作者，知道他的人不在少數。阿波利奈爾尤其偏愛新奇、前衛的活動，在創作方面也留下了名為《加利格拉姆》的詩集。書中將詩句的排版加以圖像化，例如〈雨〉這首詩的文字排列有如降雨一般，順著傾斜而下的直線鋪陳；〈噴泉〉一詩則好比一湧而上的噴泉，文字躍然奔放。此外他也撰寫了不少充滿幻想的作品，類似今日所謂的未來科幻小說。

阿波利奈爾作為藝術評論家亦相當活躍，對於當時普遍飽受批判的前衛運動，例如畢卡索等人的立體派、德勞內（Robert Delaunay）等人的奧費主義（Orphism，又稱俄耳甫斯立體主義，此名稱也是阿波利奈爾自創的嶄新名詞）均給予大力支持，為藝術界帶來極大的影響。換句話說，他就像是巴黎藝術界略帶淘氣的作亂之徒。

這位詩人兼藝術評論家，私底下的生活也十分活躍。第一次世界大戰勃發之際，他便以迅雷不及掩耳的速度志願從軍，親赴戰場；然而隨即因為頭部遭受槍傷被護送至後方陣營，接受了三次的開顱手術。阿波利奈爾當時身著軍裝、頭部包覆白色繃帶的照片流傳至今，看來傷勢相當嚴重（畢卡索也曾透過速寫畫出負傷的阿波利奈爾）。此時的他雖然肉體上相當虛弱，卻一如往常地氣宇軒昂，持續縱橫、闖蕩巴黎藝術界的各個場所。頭部緊纏繃帶的慘烈模樣讓人們對他留下愛國英雄詩人的強烈印象，且此番形象在後來由達基列夫率領的俄羅斯芭蕾舞團進行首次〈遊行〉（*Parade*）公演時所引爆的醜聞騷動事件中，竟發揮了意想不到的效果。

公演始於一九一七年五月，當時仍處於戰爭動亂期。該齣劇目由尚．考克多（Jean Cocteau）撰寫腳本，艾瑞克．薩提（Erik Satie）負責音樂，畢卡索進行舞台裝置與服裝設計，雷歐尼德．馬辛（Léonide Massine）則負責編排動作與舞蹈。從這些成員的組合看來，不難想像是由一群不知天高地厚的年輕人所共同創作的前衛舞台表演。從開演起便噓聲四起，罵聲與怒吼不絕於耳，甚至還差點引爆支持者與反對者之間一發不可收拾的激烈爭鬥。所幸此時阿波利奈爾挺身勸和，觀眾被他負傷的樣貌深深打動，才平息了這場騷動。

阿波利奈爾無疑是前衛藝術的擁護者。當時他為這次演出發表短文，將該作品定調為超越一般現實的「超現實（Sur-réalisme）」世界。這個字彙是他引以為豪的新創詞，且似乎因為非常中意，爾後也為自創的詩劇〈蒂雷西亞的乳房〉（*Les Mamelles de Tirésias*）添上了「超現實主義戲劇」的副標題。超現實主義的藝術風潮如一般人所熟知，始於一九二四年安德烈．布勒東（André Breton）的「超現實主義宣言」；而這個在二十世紀極其重要的美術運動，其實正是源自於阿波利奈爾的創新命名。布勒東與阿波利奈爾，兩人亦是私交甚篤的詩人夥伴。

然而，阿波利奈爾與超現實主義的關聯性並不僅止於命名而已。超現實主義為藝術表現帶來許多面向的貢獻，其中最值得注目的便是拓展了作品詮釋的幅度。以往提到解讀作品，通常指的是正確理解作者注入作品中的意圖，換句話說就是確實接收到作者想傳達的訊息。所以，當人們有所誤解或是接收到並非來自作者的訊息，那就是錯誤的解讀與詮釋。當然，為了讓這樣的解讀得以成立，前提在於即便作者未曾明示，但作品的背後確實存在著作者企圖傳達的訊息。在這種情況下，鑑賞者，也就是訊息的接收者，必須透過分析作品或是作者使用的語彙、同時代的相關證言等資料作為線索，正確解讀訊息，除此以外的解釋是不被容許的。然而，有時候作品的訊息本來就不明確，而是藉由觀者詮釋方能讓作品變得完整；此時鑑賞者不再只是單純的接收方，在某種程度上也參與了創作行為。

義大利小說家安伯托．艾可（Umberto Eco）指出，特別是在二十世紀的藝術領域中，邀請觀賞者共同參與的作品頻繁登場，並且將這類型的作品稱之為「開放式的作品」。這類作品除了含有作者本身的意念，如果是音樂則會加入演奏者與聽眾的解讀，如果是繪畫則會加入觀賞者的詮釋，進而完成最終的作品。超現實主義的畫家經常透過難以理解的意象喚起觀賞者的想像力，這種手法的運用其實來自於對他們有莫大影響的基里訶（Giorgio de Chirico）。超現實主義的成員深受基里訶神祕的畫面所吸引，據說布勒東創設的超現實主義研究所的牆壁上，總是吊掛著基里訶的作品。當中尤其刺激他們想像力的，是基里訶所描繪的「阿波利奈爾的肖像」。

這件畫作是基里訶「形而上繪畫」的代表作之一，於二〇一一年在東京六本木的國立新美術館舉辦的「超現實主義展」展出，作品題為〈紀堯姆·阿波利奈爾充滿預兆的肖像〉。「充滿預兆」這般聽起來煞有其事的題名，其實是源自超現實主義者對於這件作品有新的詮釋。

畫面前方可見戴墨鏡的石膏頭像，以及魚貝類的鑄模，這些在同一時期的基里訶作品經常看到的元素十分醒目；至於阿波利奈爾的面容則出現在畫面深處像是窗口的開放空間，以暗綠色的背景描繪出如亡靈一般的人物剪影。令人不解的是，剪影的頭部有著類似標靶的白圈，而且正好是日後阿波利奈爾頭部受到槍擊負傷之處，才讓認為這是預言了阿波利奈爾未來命運的詮釋廣為流傳。儘管作品確實描繪於第一次世界大戰爆發之前，不過坦白說，這些超現實主義者偏

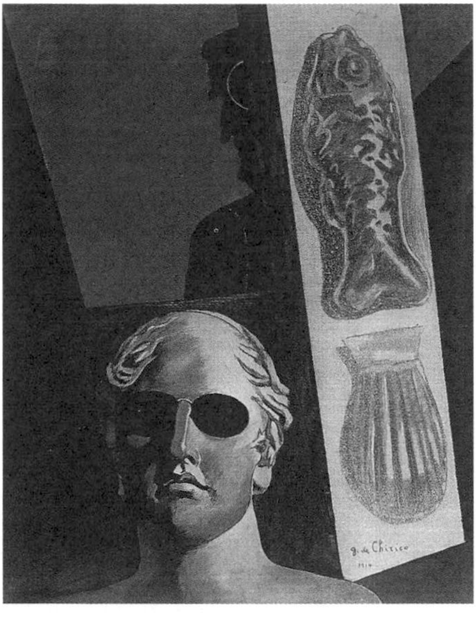

基里訶〈紀堯姆·阿波利奈爾充滿預兆的肖像〉，1914年，龐畢度藝術中心藏

愛的神話性詮釋其實毫無根據，卻不可否認地強化了作品本身散發的神祕氛圍。阿波利奈爾逝世後，基里訶曾在雜誌上發表追悼文，提及與同伴們齊聚在阿波利奈爾的書房彼此交流的種種回憶，並具體描述「（書房裡）掛了幾張我的形而上繪畫創作，其中一件描繪著彷彿成為箭靶的阿波利奈爾肖像，被認為是日後他頭部中傷的預告」，可見基里訶本人也接受了如此解釋。作品竟然獲得了超越作者當初意圖的詮釋，是個相當罕見的例子。

在此將話鋒一轉，上述所謂的「罕見」是就西歐世界而言，如果反過來思考日本的情況，卻未必如此。在西歐，藝術作品無疑是指個人獨力完成的產物，因此如今人們依舊深信正確理解作家的意圖才是解讀作品的不二法門；然而在日本，只要聯想一下連歌或是連句[1]的情況，便不難發現作詩的人並不需要直接採用某人所提出的詩句，而是從中提取並創造出新的意境，換句話說就是連續不斷地重新詮釋。而這種情況即便在單獨一句的作品中，也同樣可以得到驗證。以芭蕉弟子所作的詩句為例：

名月之夜，前往岩坪尖端賞月，想不到已有附庸風雅之人率先抵達。

意思是指，心想岩坪尖端是賞月的絕佳地點而前往一瞧，結果發現已有具同樣想法的人先行抵達。針對這番說明，芭蕉表示「月之客」若是暗指自身而非其他率先抵達之人，讓他人退出該情境的詮釋方式將平添許多趣味性。由此可知，不同的解讀，確實可以衍生出迥異的意趣，值得令人玩味。

（二〇一一年）

1　編注：連歌、連句是一種以上句（五・七・五）和下句（七・七）為基礎，可以由多人接力創作的和歌形式。另有所謂的「俳諧連歌」（簡稱俳諧），相較於正統的連歌更注重娛樂性與集體創作。

作為創作行為的解讀與詮釋

上一篇文章以芭蕉弟子所作的詩句為例，說明了不同於作者原意的其他詮釋，也會形成不一樣的情境與趣味性。而後我接到讀者提問，想知道作者是誰？典故又是從何而來？因此另作一篇文章加以探討。

該詩句的作者為蕉門十哲之一的向井去來，出自向井所撰寫的《去來抄》。這是有識之士之間耳熟能詳的故事，若要簡單說明，即芭蕉針對去來吟詠在明月之夜興起岩場賞月之情，抵達後發現早有先客的文句，提點弟子「究竟是有另一個賞月人，抑或是自身獨自賞月，哪一個更具有風雅瀟灑之情？還是採用自稱之句更為傳神、到位」。換言之，讓「月之客」意指自身，另一人則退出情境的詮釋會更有意思。對於老師芭蕉的不同詮釋，去來陳述了感想：「如果以自稱之句重新檢視，清狂狷介之人的形象隨即鮮明浮現，與最初的文句相比提升趣味性達

十倍之多，確實是作者本身沒能透徹知曉詩句的本意。」（引用自岩波版《日本古典文學大系·連歌論集、俳論集》）

《去來抄》除此之外還介紹了許多芭蕉針對不同詩句的想法，以及各種令人興味盎然的軼事。例如關於野澤凡兆的著名吟唱：

下京地區覆蓋著皚皚白雪，深夜又降下清冷的絲絲細雨。

這個詩句一開始只有「覆蓋著皚皚白雪，深夜又降下清冷的絲絲細雨」，當大家熱切議論應該在開頭添加什麼字句，芭蕉篤定地表示「就決定是下京了」。對此凡兆顯得坐立難安，芭蕉於是斬釘截鐵地說，如果還有比下京更好的選擇，自己就再也不談論任何有關俳諧的事情。

在當時，構思詩句時似乎經常徵求在座同伴的意見，也會熱烈地交相討論。就連著名的俳句「古池飛蛙水之音」（古池や蛙飛び込む水の音），蕉門十哲之一的各務支考也在論述俳諧的著書《葛之松原》中有所記述。原本芭蕉率先浮現腦海的靈感是「飛蛙水之音」（蛙飛び込む水の音），正當大家絞盡腦汁思考討論其上該冠上什麼詞句時，一旁的蕉門十哲第一弟子寶井其角提議：「山吹[1]如何呢？」原來如此，不愧是偏好華美絢爛的其角，「山吹飛蛙水之音」確實散發出晚春略帶憂傷的華美感，似乎是個好選擇；然而芭蕉最後並未採用其角的提案，而是決定用「古池」。支考在書中論述，芭蕉最終拋卻了「華美」，並取之於「實」。

但支考所謂的「實」究竟是什麼呢？顯然它並非意味著「實景」。「古池」的意象與凡俗的日常並不相襯，反而比較容易聯想到杳無人煙的深林，被永恆的寂靜所包圍的一池靜水。當一隻青蛙躍進池水，那微弱的聲響瞬間劃破了原本的寧靜，卻又立刻被周遭的靜寂給吸收。芭蕉所追求的，是經過一時的擾動後更顯深沉而幽遠的寂靜世界。正所謂「鳥鳴山更幽」，可說是與中國南北朝詩人王籍的古詩意境相近。

然而，這個詩句也並非不能解釋成更貼近日常的現實描寫。青蛙原本就是群生的動物，晚春時節的黃昏行經田畝土埂，可以聽見青蛙鳴聲此起彼落，相互應和，甚至到了吵雜的程度。如果其中一隻青蛙跳進水裡，想必其他青蛙也會追隨其後。在這種情境下，「水之音」就和靜寂的境界相去甚遠，而是更加歡樂喧鬧的景況，正如江戶時代的俳人三上和及的詩句：「一個跳水聲，群蛙接二連三，噗通噗通噗通跳下水。」針對芭蕉的詩句，有些注釋會特別強調青蛙為單獨一隻，其實言外之意正說明了逆向詮釋的可能性。

關於青蛙究竟是單數還是複數，比起日本人，這反而是外國人會比較在意的問題。無論是英文還是法文，西歐語言系統的名詞都必須明確表明為單數或是複數。根據某位研究者的調查發現，「古池飛蛙水之音」的英譯版本多達三十種，其中大部分的青蛙採用單數形態，但是也有採納複數形態的例外。耐人尋味的是，以複數詮釋的版本之一正是出自相當了解日本的拉夫卡迪奧·赫恩（Patrick Lafcadio Hearn），也就是小泉八雲；當他吟誦芭蕉的詩句時，究竟在腦海裡浮現了怎樣的情景？

類似的例子，也曾發生於巴黎龐畢度藝術中心由日本與法國研究者共同召開的國際研討會上。當時我正好參與了這場會議，一位法國研究者針對芭蕉的詩句

「秋暮時分，樹葉凋零的枯枝上，佇足著飛來的烏鴉。」提出烏鴉究竟為單數還是複數的疑問。此時日方的一位出席者回答，在杳無人煙的深秋夕暮，枯枝上悄然而立的烏鴉孤影是醞釀出寂寥感的精髓所在，所以當然是單數；一旁的大岡信立刻起身表達不同看法，說明此句的芭蕉真跡依然留存且附有圖像，可看出枯枝上確實停留了烏鴉數隻。如果真如圖像所示，此句呈現的是夕陽映照著複數烏鴉的情景，想必會衍生出截然不同的解讀與詮釋吧！

「古池飛蛙水之音」的新穎之處，在於過去主要著眼於青蛙的鳴叫聲，芭蕉則將其轉換成躍水之音。「枯枝」的詩句也許亦是相同的道理；提到秋日夕暮，首先會讓人們聯想到的多半是《枕草子》開頭的文句：「烏鴉歸巢，三三兩兩，四紛五落，急忙飛馳的樣貌，別有一番趣味。」讓交錯飛翔的鴉群佇足於枯枝上，可以窺見作為俳諧師的芭蕉確實有著別具匠心的文思與構想。

儘管如此，我並無意斷定烏鴉為複數才是正確的。如果有人將這個意境解讀為一隻孤獨的烏鴉並感受到無限寂寥，相信芭蕉也會認同，畢竟沒有人規定正解只有一個。

或許有人會認為，身為創作者這種態度相當不負責任，然而如果我們將芭蕉視作真正的俳諧師，相信就能充分理解答案不只有一個。原本俳句便是作為連句的發句[2]而自成一句的短詩形式；發句通常是以追加他人創作的脇句[3]為前提，因此該如何詮釋發句並為其定調正是脇句的功用。換句話說，發句不該是自體完結的表現，它對於脇句來說必須是一個充分「開放」的狀態，也就是能夠容許多樣性的詮釋。

當然，這並不代表容忍所有獨斷妄為的解釋。連句裡的付合[4]形式規律，指的是付句必須是前句的延伸，同時開啟邁向嶄新世界之門，這便是付合句的妙趣所在。在這層意義上，連句的每一個詩句都可說是結合了解釋與創造的詩性表現。同理可證，芭蕉為去來的岩端賞月之詩句提供了身為作者的去來本人也未曾想過的嶄新樣貌，此時對作品的解讀與詮釋無疑也是一種創作行為。

（二〇一一年）

1 譯注：山吹，植物名，春天綻放的豔黃花朵。作為春天的季語廣泛為人使用。

2 譯注：發句，是連歌、連句的首句，由五・七・五共十七音所組成。

3 譯注：脇句，是連歌、連句緊接著發句的第二句，由七・七共十四音所組成。如果說發句代表的是賓客的角色，那麼脇句便是扮演了主人，面對客人抱持問候關懷之心，將發句尚未充分表達的言外之意及餘情繼續加以鋪陳。

4 譯注：付合（付け合い），為連歌、俳諧的專門用語。如果前句是五・七・五的長句，則必須搭配七・七的短句作為付句；若前句是七・七的短句，則以五・七・五的長句作為付句。前句與付句兩句並立，方能形成完整的句型。

日本人與橋

在巴黎郊外，距離市中心稍遠的吉維尼小鎮，作為印象派巨匠莫內晚年隱居之地遠近馳名。莫內當年隱遁的住家以及百花爭妍的庭園至今依然維持原狀，前來造訪的觀光客絡繹不絕。

在莫內的庭園裡，有一個從附近河川引水打造而成的池塘。晚年的莫內像著了魔似地以這座睡蓮池為題材作畫，因此在愛好者之間享有極高的人氣。然而對於日本人來說，特別讓人感興趣的則是橫跨水池的太鼓橋。莫內對於日本美術抱持強烈的憧憬，本身也收藏許多浮世繪，而這座太鼓橋顯然象徵了他對於日本的敬意。

其實莫內從未實際造訪日本，關於他的「日本品味」，主要是透過各式各樣的美術作品，特別是浮世繪版畫所養成的，太鼓橋當然也不例外。莫內留下了不少在畫面中央將庭園裡的太鼓橋如同一道彩虹般繪製的作品，而實際上這種構圖與歌川廣重〈名所江戶百景〉系列中的〈龜戶天神境內〉幾乎雷同。因此我們可以說，莫內試著將從浮世繪所認識的日本，在自身的庭園裡加以實現。

只不過莫內與廣重的作品之間，存在著一個明顯的差異。廣重畫面中所描繪的太鼓橋，彎曲的程度接近半圓形，莫內的橋則是相當平緩。對於通行者來說，當然是平緩的橋更便於行走，也因此造訪吉維尼的人們可以悠閒地在橋上漫步。如果換作是廣重浮世繪中角度傾斜的太鼓橋，大概就無法如此輕鬆了。其實不只是廣重，自古以來經常出現在屏風繪等作品上的住吉神社社頭的太鼓橋等，都呈現陡急的彎曲弧度，讓人不禁懷疑是否可以順利通行。即便觀察現今位於鎌倉鶴岡八幡宮境內的太鼓橋，也讓人不禁認為日本的太鼓橋似乎刻意設計得難以跨越，與其說是通路，更像是在拒絕人們通行。

橋樑最原始的功能便是連結兩地，同時也用來遮蔽、阻斷分界。對於日本人來說，太鼓橋是分隔人界與神界的過渡之地，因此才被安置於神社的入口。就算是一般的橋，人們也會下意識地認為河川對岸是另一個不同的世界，使得渡橋意味著前往其他世界的旅程。東海道五十三次始於江戶的日本橋，終於京都的三條大橋，這個安排有著潛藏的特殊意義，絕非偶然。

所謂另一個不同的世界，也就是凌駕於日常，屬於異次元的境地。有關橋樑的日本傳說當中，橋經常成為與異形者邂逅的場域，便說明了橋樑是通往異界的入口。從近松門左衛門創作的劇目〈心中[1]天網島〉中高潮迭起的著名橋段「走遍千橋萬樑」，最能看出橋樑如此特異的性質。劇中小春與治兵衛蹣跚走遍大小橋的巡遊之旅，最終成為邁向死亡的旅程，橋樑無疑是連結生與死的分界線。

將橋樑視為與另一個世界的分界，或者通往不同世界的入口，這種想法似乎如今依然深植於日本人心中。吉本芭娜娜有一篇教人難以忘懷的短篇小說〈月影〉，可說是比代表作〈廚房〉更早的處女作，描寫了因交通事故失去戀人的少女，內容充滿了哀傷。為了克服心中的悲痛，少女每天早晨堅持慢跑，在路途中巧遇一位不可思議的女性，並依循對方的指示於每日破曉之際——這正好也是黑夜與白天的分界線——前往橋邊。這裡是少女過去與戀人度過美好時光之處，也是每次與戀人分別的場所。有一瞬間，少女在籠罩朝霧的河川對岸，看見了溫柔微笑的戀人；然而少女無法靠近，也無法與對方說話，於是戀人一邊揮手一邊消失在朝霧之中。橋樑作為分界線所持有的象徵意義，在這個短篇中表露無遺。

對於日本人來說，橋樑確實具有特別的意涵，也擁有足以撼動日本人情緒的巨大力量。因此不僅止於美術或文學，在更廣闊的各個領域中想必都能找到相關例證。實際上，橋樑就經常作為邂逅與離別之處在歌謠或是流行音樂中登場。如果要再舉一例，那麼森高千里的〈渡良瀨橋〉便是如此。這是一首描述喜歡從橋上欣賞夕陽的戀人現在已不在身旁的悲傷情歌，與之類似的例子可說是不勝枚舉。此刻我正與友人攜手策劃「橋」的特輯，預計刊載於不太暢銷的雜誌《日本的美學》當中。

（一九九八年）

1 譯注：「心中」在這裡指的是殉情自殺。

閃爍耀眼的朦朧體

二〇一四年，東京北之丸的國立近代美術館舉辦了睽違已久的菱田春草大型回顧展。過去我曾經大言不慚地主張明治期的日本畫只要有日本美術院[1]的存在便已足夠，或是日本美術院的成員只要有春草就不再需要其他畫家，甚至認為春草只要有一雙屏風作品〈落葉〉就能代表一切。如今我重新審視春草短短三十六年的畫業生涯，依然不禁讚嘆春草不僅是明治時代，更是日本近代繪畫史上，乃至於日本美術整體的發展脈絡中，留下許多令人難以忽視的豐功偉業的天才。

春草所成就的歷史性任務，在於一方面承繼過去的傳統，同時創造出符合新時代的清新表現，即所謂日本畫的革新。因為是革新，所以經常驚世駭俗、引發一般人的反感，抑或是招來評論家及媒體的批判，甚至飽受嘲諷。其中最為人所知的，便是春草與盟友橫山大觀共同推廣的「朦朧體」運動。

提到「朦朧」，人們雖然多半會聯想到「不明確」、「曖昧模糊」，卻未必是帶有「醜陋」、「惡劣」等負面意義的詞彙。然而在明治中期，事情並非如此。當時急速近代化的帝國之都東京在熱鬧的市街或是鐵路車站附近，有著專挑鄉下來的庶民要脅撞騙、索取不合理費用的人力車伕，被稱為「朦朧車伕」；這些人有時甚至還會組成「朦朧組」，可以說是造成社會不安、破壞秩序的違法者。如此看來，爾後橫山大觀於《自敘傳》中描述在「朦朧體」的時代，大觀與春草「幾乎被視為惡魔一般的存在」，似乎並非誇大其詞。

就繪畫表現來說，大觀與春草的嶄新嘗試之所以飽受批判，是因為他們否定了被視為日本畫生命的強勁墨線之妙。例如春草的〈蘇李訣別〉遭批無論人物或是背景，「使用所謂的沒線描法，與洋畫如出一轍，徹底破壞了日本的畫法」。「沒線描法」通常指的是不使用明確線條描出人物輪廓、衣服皺褶的技法；但即便描繪出線條，使用有色彩的「彩線」而非墨線這一點自然也受到了批評。以豔麗精妙的色調巧妙描繪出薄命紅顏的〈王昭君〉（一九〇二）在發表當時就因為使用了「彩線」，被評為「輪廓明瞭度盡失」且表現力貧弱的作品。

日本美術院的年輕畫家之所以採用如此大膽的手法挑戰，一般認為是有鑑於當時黑田清輝所倡導的明亮色調之「外光表現」獲得青睞，他們為了回應岡倉天心對於日本畫是否也能嘗試描繪出「光線與空氣」的期待而導致的結果。大觀日後回想起當時的狀況，如此描述道：

我們被提點，試著描繪一下空氣吧，如何！……首度將紙張以水沾濕，並於其上勾勒出墨線，再以乾刷毛在不破壞形狀的前提下，從外側刷抹墨線，藉此營造出雨中鬆弛而無張力的空氣感。

這正是所謂的「朦朧」。

然而，雖說是回應天心的提點，但他真正的意圖並不僅止於自然樣態的再現。天心終其一生在繪畫表現上追求的境界，並不只著重於重現眼前的現實，而是從中蘊生的獨特詩

菱田春草〈蘇李訣別〉，1901年

情。

春草於明治三十三年創作的〈常磐津[2]伏姬〉，是以馬琴在《南總里見八犬傳》開頭，描寫伏姬見到水中倒映的自己成為狗臉人身的模樣並為之震驚的場面為題材。畫面整體瀰漫著晦暗陰鬱的氣息，正是所謂「朦朧體」的表現；然而這件作品如其題名「常磐津」所示，其實是根據天心給予的戲曲畫題而作。致力於追求日本畫嶄新表現的天心，經常向日本美術院的年輕創作者提出各種課題，除了常磐津以外，包括清元[3]、新內[4]、長唄[5]等戲曲音樂在內，讓他們思考如何將戲曲音樂轉化成繪畫加以表現。

其實岡倉天心從擔任東京美術學校校長的時代，就經常以「勇猛」、「靜寂」、「無我」等題目作為訓練學生創作的重要方法。例如針對「月光」之命題要求不可以畫出月亮，或是以「笛聲」為課題但不允許笛子登場等等，在表現手法上加諸了種種嚴格的限制與規範，相當於禁止任何的寫實表現。

關於這個堅持，有個經常被提起的軼事。據說下村觀山在創作弁財天[6]畫作時，天心認為從畫面聽不見弁財天演奏琵琶的樂聲。於是觀山竭盡所能地調整畫中演奏的姿勢等，卻還是無法讓天心滿意。無計可施的觀山最後乾脆在畫面一旁的岩石上添加一朵小小的野花，結果天心對此大為讚賞，表示這下終於能聽見悅耳的音律。

透過類似軼事我們可以知曉，對於天心來說，繪畫並非對於現實世界的正確提示與再現，或者說並不僅止於此；繪畫必須具備暗示性，能夠喚醒觀者內心深處的情感波動。因此，儘管天心希望年輕畫家「畫出光線與空氣」，且此舉是因為受到與學院派相抗衡、試圖以自身所感捕捉自然原貌的印象派所啟發，但顯然他並不認為日本畫也只要照實描繪自然即可。事實上，天心敏銳地覺察到，莫內、希斯里、畢沙羅等印象派的畫家，都絕非單純地仿寫自然。明治三十七年（一九〇四），天心受邀至位於美國聖路易的世界萬國博覽會進行主題演

菱田春草〈常磐津 伏姫〉，1900年，長野縣信濃美術館藏

講，當時他明確地敘述道：

藝術是透過自然加以暗示的手法……法國印象派的畫家們……最優秀的作品，讓我們不禁肅然起敬。這並非出於他們將太陽的光線予以原貌呈現的描寫力，而是因為他們走出戶外進行創作，所獲致嶄新的詩情表現。

在一九〇四年的時間點，天心對於印象派的這番看法，可說是領先於時代的真知灼見。

同一時期，日本一般輿論對於「朦朧體」依舊抱持激烈的批判。天心一方面持續關注大觀與春草的畫業，一方面從「暗示的藝術」之觀點，嘗試在日本的傳統中找到其定位：

日本繪畫當中的某種特質……在於熱切追求概念性的純粹表現，以致否定了色彩與陰影的重要性。這不是象徵主義，而是無限的暗示性……對於暗示性表現手法的崇拜，是我等藝術意識當中不可或缺的要素。

實際上，天心在紐約世紀協會（The Century Association）舉辦的「大觀・春草二人展」的展覽圖錄中，特別強調了兩人與傳統的深切連結。而在聖路易世界萬國博覽會的演講上，他更向全世界堂堂宣言日本源自於風土文化的繪畫特質：

> 各國擁有各自迥異、捕捉自然的獨特方式，也因此促成繪畫的不同發展……正如藝術是對自然的詮釋，自然也是針對藝術所做的解釋……對西方人而言，提到陰影你們會直覺想到林布蘭，就好比對我們而言，浪濤會讓我們聯想到光琳。

我們不能被「朦朧」的表面字義所誤導。如果從天心的這般觀點重新檢視春草的藝術作品，會發現春草從很早就開始極為巧妙地善用金、銀等畫材。這次展覽充分而多元地展示了這個面向，讓我們見證到春草與傳統的緊密連結。也因此，與其稱之為「朦朧體」，它真正展現的無疑是「閃爍耀眼的朦朧體」。

（二〇一四年）

1 編注：日本美術院為一八九八年由岡倉天心主導，與橫山大觀、菱田春草等人一同創立的藝術團體，以日本美術的保存與創新為目標，積極舉辦各種地方展覽、創辦雜誌、推動國寶修復等等。而後成立財團法人，至今仍持續運作、定期舉辦展覽。

2 譯注：常磐津，屬於文樂的淨琉璃音樂，以緩慢、厚重的曲風為多。

3 譯注：清元，屬於文樂的淨琉璃音樂，以敘情為主，特徵為充滿技巧、洗鍊的高音表現。

4 譯注：新內，屬於文樂的淨琉璃音樂，多為哀調，詠唱女性悲戚的人生，在江戶時代的煙花女子間大受歡迎，盛極一時。

5 譯注：長唄，江戶時代從歌舞伎舞台音樂中獨立出來，享有高人氣的系列戲曲音樂。

6 譯注：弁財天，原為印度的河神，佛教傳入日本後，演化成掌管音樂、辯才、財富、智慧與延壽的女神。

旅行的東與西

二〇一一年二月，巴黎的日本文化會館舉辦了題為「如果沒有新幹線」的國際研討會。會議中主要將日本的新幹線與法國的ＴＧＶ（超高速列車）進行對照，檢視各自的特徵與成效，意即以高速鐵道作為關鍵，展開日法的比較社會論以及比較文化論。

在鐵道技術方面，法國確實擁有世界級的高度水準。ＴＧＶ歐洲東線的最高時速為三百二十公里，比日本的新幹線還快。雖然正常運行只能達到如此水平，但測試的時候據說時速超過五百公里，創下傲視全球的世界紀錄。至於日本的新幹線，則是在運行時間的準確性上凌駕包含法國在內的所有歐洲國家。東京車站在尖峰時段每逢三到五分鐘就有列車出發，而且幾乎所有的列車都依照預定時程運行，似乎讓法國人覺得宛若奇蹟一般不可思議。之所以能達到這般準確性，其實是因為日本的新幹線嚴格遵守著極度複雜的時刻表。

法國最早開通TGV的東南線，奔馳於巴黎到里昂之間只需約兩小時，中間穿越的地帶可以說是無人荒野。至於日本的東海道新幹線，若是最快的直達列車「希望號」，從東京到名古屋的車程不到兩小時，同一路線上還有數個停靠站，除了「希望號」之外，另有停靠主要車站的「光號」與每站皆停的「回聲號」，共計三種類型。也因此自然會有後發的列車超過先行列車的情況，導致運行時刻表極其複雜。若要順利執行這般縝密的時刻表，準時運行就成了絕對必要的條件。如此困難的課題，日本的新幹線正是幾乎天天都能正確地執行。

列車的運行數量如此龐大，代表同時有大量的人們在移動。日本自古便盛行旅行，特別是長期處於和平狀態的江戶時代，包含女性與孩童，街道上熱鬧地充滿了各路旅人。十七世紀末在荷蘭商館工作的德國醫師坎普弗爾（Engelbert Kämpfer）所留下的陪同商館館長前往江戶參府的隨行紀錄中，提到讓他讚嘆不已的是極為整潔的街道，以及路上「與歐洲都市道路不相上下」的洶湧人潮。實際上，從十返舍一九的《東海道中膝栗毛》[1]博得高度人氣的事實來看，可知當時連庶民也能自由享受旅行，而且還不需要大費周章準備，而是像出門散步一樣輕鬆、隨興。當然，一旦出門旅行還是得進行相應的準備，但基本上就是簡單的手腳護套、斗笠與拄杖等裝備。在歌川廣重〈東海道五拾三次〉系列版畫中登場的旅人，也幾乎都是輕裝成行。

讓如此輕便的旅行化為可能的，除了沿途的路況相對安全，另一方面則是由於住宿設施相當完備。以東海道為例，每個宿場[2]都有各種等級的住宿設施，從被稱為本陣的高級旅館，到可以自炊的廉價住宿都一應俱全。除此之外，也有運送業者的駐點服務，常備馬匹與人力，負責承載人員與運送貨物。旅人可以視其所需聘僱運送人力，或是利用馬匹與駕籠[3]。另外也可以委託業者，單獨運送貨物到下一個宿場，或是將用不上的東西先行送返故鄉，類似今日的宅配服務。總之，全國性的交通與運送系統已臻完備，讓旅行變得更加安全無虞。

這般情況，在同時期的歐洲是無法想像的。歐洲大陸的戰亂未曾停歇，若要外出旅行，勢必要先備妥武裝，確保人身安全。據說歌德（Johann Wolfgang von Goethe）年輕時前往義大利旅行，便總是隨身帶著手槍。十八世紀，英國的貴族子弟為了增廣見聞，因而盛行以義大利為目的地巡遊歐洲各主要都市的壯遊（Grand Tour）作為修習學業的一環。這是一種有眾多隨從陪同，攜帶大量家財與器具的集團旅行；根據當時的旅行紀錄，除了必須攜帶毛毯等寢具用品之外，最好能連同床鋪一起帶上，絲毫不見像日本人前往伊勢神宮參拜，不論普通庶民、女性、孩童皆能輕鬆成行的氛圍。

主要幹道與宿場設施的完善，背景源自於德川幕府頒定的參勤交代制度扮演了相當關鍵的角色。參勤交代制度主要規範全國的諸大名必須善盡滯留江戶一年、在藩一年的義務，於是每年勢必促成大量的人口移動，也就是所謂的大名行列。各地大名必須根據自家的位階準備恰如其分的隨行團；若是普通的等級，大概就是三、五百人的規模；若是加賀百萬石或是薩摩的島津藩等大藩，則會升格至二、三千人。面對如此大陣仗的數個集團往來於幹道，各地的宿場自然必須整頓好迎接的態勢。另一方面，踏上旅程的諸藩也得大費周章地進行準備。首先是旅程的規劃，以金澤到江戶為例，現今仍留存將各種路徑統整於一張圖面的資料，途中以各個宿場作為接點，如同鬼腳圖一般彼此連結。依據選擇的路徑，疾行的話十天九夜，稍微放慢腳步的話十二天十一夜可以抵達江戶。在所有可能的路徑中，要選擇哪條路線會取決於道路的狀況、天候以及其他條件，更重要的是還必須考量到其他大名的動向。參勤交代原則上會於早春時節進行，此時三百諸侯一齊出動，聲勢驚人；同一個宿場若有數個大名隊伍交會，很容易引發爭奪本陣等混亂情況，必須亟力避免。而宿場的從業人員對於這些事情自然瞭若指掌，也會留心避免重複預約。旅行方與宿場業者會於事前進行充分的協調後決定旅程細節，並將最終行程告知幕府，事後將不容許任何的變更；就算碰上天候不佳等不可抗力的情況，也非得確實遵守不可。規劃出複雜的集團移動時刻表並確實地執行——日本新幹線的這般特性可以說是孕育自江戶時代以來的歷史脈絡。

法國的TGV除了是「高速列車」之外，同時也是「長距離列車」，主要負責連結距離遙遠的大都市。反觀在日本，大都市之間通常存在著各具特色的中型城市彼此連結，成為人們移動的節點。這種都市連續型的國土構成是日本自古以來的特色，類似東海道五十三次的案例在歐洲是不存在的。以東海道為例，各個宿場間的距離平均為六、七公里至十二、十三公里，最短的間距甚至不到兩公里。雖然途中有時會碰到險峻的山路較為費力，但大致上只要走個半天就能抵達下一個宿場。旅人們在隨著季節變化的自然景觀中一邊眺望，一邊行走，時而體驗宿場町的祭典儀式、年間活動，享受當地的名物料理。在一般庶民之間廣泛盛行的伊勢參拜、靈場巡禮，不僅只是信仰之旅，同時也是尋幽訪勝、增廣見聞的旅程。像伊勢神宮、金刀比羅宮等著名的神社為了招攬參拜客，還會派遣相當於業務人員的「御師」到全國各處宣傳。「御師」的功能除了指點路線與參拜相關手續，連住宿規劃到土產的準備都能提供建議，類似於今天旅行社所扮演的角色。相較於歐洲一直要到鐵路發達的十九世紀中葉以降才發展出所謂的休閒旅行，日本在這方面算是相當先進。

從二〇一一年年底至二〇一二年一月，東京六本木的三得利美術館舉辦了名為「大名與狗兒都旅行　廣重・東海道五拾三次」的展覽。展場中展示了廣重出道代表作的「保永堂版」，以及爆紅後所製作的「隸書版」兩個系列。我亦是睽違已久地一邊享受從江戶到京都的沿途風景以及宿場的風俗民情，一邊感受旅行帶來的樂趣。廣重留給後世的不只是這兩個系列，一般為人所知的還有「行書東海道」、「人物東海道」等，他終其一生著手的東海道系列作品多達二十種以上。當然不只是廣重，包括被廣重視為對手的葛飾北齋、喜多川歌麿、歌川國貞、歌川國芳、溪齋英泉等眾多知名的浮世繪畫師，都留下了以東海道為主題的作品，由此可見旅行在當時確實享有極高的人氣。江戶時代以來的這個傳統，如今則藉由新幹線繼續與時俱進。

（二〇一二年）

1 譯注：十返舍一九（一七六五～一八三一），江戶後期的戲作師、畫師。《東海道中膝栗毛》為其撰寫的滑稽書，栗毛指的是栗色馬匹，內容為作者以膝代馬，徒步旅行東海道的故事。

2 編注：宿場，相當於日本舊時設置於主要幹道上的驛站，提供住宿休憩與貨物轉運等的設施。以宿場為中心形成的街區則稱為宿場町。

3 譯注：駕籠，是以單支棒棍懸吊座椅，由複數人力前後扛起乘客的交通工具。一般人較為熟知的轎子則是以雙桿支撐。

東京車站與旅行文化

若從一個獨立建造物的角度觀看東京車站，會發現其最大的特色在於橫向延伸的巨大正面。就樣式上來說，這是建築師辰野金吾所擅長的維多利亞王朝末期風格，屬於維多利亞．哥德式的樣式。車站廳舍由全長三百三十五公尺橫向延伸的正面所構成，就算在當時身為鐵路先進國的英國或是其他歐洲諸國，都找不到足以並駕齊驅的案例，唯一的例外只有面向港口的阿姆斯特丹車站。這種情況其實與各國的都市定位息息相關。

無論倫敦還是巴黎，抑或是羅馬、維也納等西歐的主要都市，過去都有環繞的城牆固守。現在這些城牆多數已被拆除，但昔日則是用來區分都市外部與內部的明確分界。連結都市與都市的鐵道行駛到這個邊界後，便不會再深入市中心；至於市內的交通，現在則依賴地下鐵或巴士等其他交通系統。因此，車站通常設置於市鎮的邊緣，鐵道行進到此處便是盡頭，換句話說就是終點站。如此一來，這個盡頭的部分正好會是從市內看過去的車站的顏面，也就是正面部分。以乘客的視角而言，若從車站正面進入車站大廳可以看見鐵路朝著遠方無限延伸，這便是終點站基本的結構與形式。

以巴黎為例，TGV（超高速鐵道）東南線的始發站里昂，以及沿途的東站、北站、聖拉查站、蒙帕納斯等車站均位於舊市街的入口附近，並面向市中心。唯一的特例是位於巴黎市中心、地處羅浮宮附近的舊奧塞站，當時為了因應一九〇〇年舉辦世界萬國博覽會之際疏運觀光客而特別興建，於博覽會結束之後廢線，日後經過改建活用，成為現今廣為人知的奧塞美術館。

相較之下，最初被稱為中央停車場的東京車站從一開始就是作為中間站而非終點站而構想的。儘管在明治十九至二十年（一八八六～八七）由德國建築師恩德（Ende）與伯克曼（Böckmann）所主導的官廳集中計畫最終未能執行，但當中也將中央站設定為相當重要的中間站。經過一波三折，終於在明治三十六年（一九〇三）委任辰野金吾負責中央停車場的設計案，與此同時日本鐵道株式會社也展開了將中央停車場與通往東北地區的玄關口——上野車站，以及作為東海道線出發點的新橋站（現在的汐留）彼此串聯的計畫。到了明治三十九年（一九〇六），日本鐵道會社與其他十七間民營鐵路公司被收歸國有，於兩年後成立了總攬鐵道事業的鐵道院，中央停車場連結南北的定位自此成為國策的一環。總結來說，東京車站最初就是以中間站為前提進行規劃。

若為中間站，對於從正面進入車站的乘客來說，鐵路並非由眼前往遠處延伸，而是呈現左右橫向的排列，因此車站的設計也必須有所配合。鐵路的主角當然是鐵軌，因此車站建築無論採用何種樣式，基本上都會呈現包覆鐵軌與月台的細長形；相較於終點車站長方形末端短邊的部分是面向都市中心的正面玄關，中間站則以長邊的部分作為面向市區的顏面。東京車站作為首都的中央車站之所以正面呈現絕無僅有的奇特橫長狀，正是與此有關。

歐洲型的終點站多半會在中央部位興建高塔、強調屋簷下方三角形的破風，以具有歷史紀念性的效果來構想。事實上，多數的西歐車站廳舍都具備這種中央集約型的正面構造。這或許可以溯及中世紀以來聖堂建築的悠久傳統，在拉丁十字形的聖堂建築結構中，長形中殿的盡頭是西側的正面部分，作為面向都市的顏面總是極盡可能地進行華麗的裝飾；但若是像東京車站一樣正面往橫向延伸的構造，終究無法依靠歐洲中央集約型的設計來解決問題。辰野金吾於是在中央部位設計了三角屋簷的主玄關，同時於左右兩端打造突出的圓頂結構，不僅維持了左右的平衡，也實現了具有整體性的巧妙設計，可以說是相當出色的解決方案。

然而想要在首都的都市計畫中活用東京車站全長三百三十五公尺的正面結構其實並不容易。首先，為了能夠將如此橫長的建造物從正面一覽無遺，前方勢必需要留下廣闊的空間。於是，過去由恩德、伯克曼所主導的官廳集中計畫的構想便在經過修改後重新獲得採用。近幾年伴隨著車站廳舍的復原工程，站前廣場的整備計畫也如火如荼地展開；完工後，車站中央玄關口與通往皇居的大路行幸通周圍將保留充

下圖．東京車站首度啟用時的廳舍樣貌
左圖．巴黎車站的明信片（1900年代初）

裕的空間作為廣場，隔著廣場的外側則是高樓雲集的區塊；與此同時，另一側的八重洲出口則拆除了過去遮蔽正面視線的鐵道會館，同樣讓高聳的大樓區塊座落於南北兩側。東京車站的復原不只是車站建築的修復，更是催生首都都市整備計畫的開端。

除了別具特色的車站建築之外，對於都市計畫產生決定性影響的東京車站，其特性乃是源自於長久以來日本人「旅行文化」的傳統。雖說鐵道技術傳自歐洲，但要如何適用於日本國土、如何經營，都是從昔日的傳統中汲取經驗並延續至今。這一點隨著新幹線時代的來臨，更成為不辯自明的事實。

相較於法國的ＴＧＶ鐵道網分成從巴黎東站出發的歐洲東線，以及自里昂出發的東南線，且兩線各自獨立並不相連，日本的東北新幹線、上越．長野新幹線與東海道新幹線都以東京車站為節點相交，甚至向南延伸到九州新幹線。歷經修復重獲新生的東京車站不僅印證了日本擁有優異的技術能力，同時也是在悠久傳統支撐下所成就的文化遺產。

（二〇一一年）

機器人與日本文化

對於機器人的抵抗感與親近感

二十世紀後期隨著科技的突飛猛進，讓距今近百年前的捷克斯洛伐克作家卡雷爾．恰佩克（Karel apek）想像中「從事人類工作的機械」——機器人，在現實中化為可能。不只是一般人籠統印象中有著金屬肌膚、形似人類的機器人，亦有各種與人類樣貌截然不同的產業用機器人登場。其活躍的範圍從包辦大規模工廠生產的部分流程，到老人與病患的看護，甚至是用來參加機器人競賽的娛樂型機器人，應用的領域十分廣泛。與人類生活息息相關的機器人，今後勢必會有更多發展。

隨著這般趨勢浮上檯面的問題，便是該如何看待機器人與人類的關係。更廣泛地說，也就是機械與人類的關係。機器人是人類驅使科技文明的成果，在這方面可以說與其他近代文明的產物同樣都是超越國界的普遍性存在，然而關於機器人的使用方式——更極端地說是與機器人相處的方式——會因國家與民族而異。這些差異之所以產生，則是源自於各個國家不同的歷史與文化條件。

在這個問題上讓我印象相當深刻的，是一九七〇年代在義大利參與的一場以「科技與文化」為主題的國際研討會。當時正值開始盛行將機器人導入工廠生產的時期，日本在這方面相當投入，也屢創佳績。國際研討會上，來自義大利的參加者認為阻礙機器人導入的重要原因之一，在於勞動者對於機器人在心理上有所抵抗，因此向日本提問應該如何應對。這個問題顯然讓來自日本的參加者感到十分困惑；如果是因為機器人的出現導致人類的職場與工作權可能被剝奪而感到不安倒還容易理解，畢竟這與一般的勞動問題相同，只要研擬好讓勞動者不至於失業的配套措施即可。但是義大利人所說的「心理抵抗」，是源自不滿機器取代人類勞動的厭惡感，或者是覺得人類的領域被機械侵犯所引發的負面情緒，才使得義大利的勞動者無法輕易接納機器人的存在。

義大利的提問之所以讓日本代表深感困惑，主要是因為日本完全不存在這種

「心理上的抵抗」。日本的勞動者不僅毫無抗拒地接受機器人的到來，還親暱地幫機器人取名為「花子」或是「小百惠」，甚至幫她們綁上蝴蝶結裝飾。這裡的「小百惠」，其實是取自當時人氣高漲的女歌手山口百惠。每當機器的運作狀況不甚理想，人們還會互相說道：「今天小百惠心情不好。」由此可見機器人在日本從一開始便被視為與人類一起工作的夥伴而受到接納。

從日常器物看見心性與生命的日本人

關於這一點，其實與日本人自古以來認為舉凡動植物、甚至是沒有生命的日常器物，都和人類一樣具有「情感」的觀念脫不了關係。

日本人這種特殊的心緒，具體的事例表現在如今日本各地仍廣泛舉行的「針供養」。這是為了向裁縫用的縫針表達平日勞動感謝之意的儀式，人們會鄭重地以紙張包覆作為慰勞，讓縫針得以歇息；不再使用的縫針則會刺在豆腐、蒟蒻等柔軟的物體上供奉於神社，屬於每年的例行活動之一。此外也有將不堪使用的毛筆埋進墓裡的供養活動，稱之為「筆塚」，常見於日本全國的神社寺院。對於日本人來說，縫針、毛筆並非沒有生命的器物，而是與人們心靈相通的夥伴，因此即便不敷使用也不能直接丟棄，而是與對待人類一樣，以應有的憑弔方式加以感懷，如此的風俗習慣依舊延續至今。

法文中將「靜物」稱作「死亡的自然」（nature morte），但日本人傳統的自然觀則大相逕庭，認為自然界的萬事萬物都是具有生命的存在。此外像是裁縫用具、筆記用品等生活中經常使用的器物，更是人們心靈相通的朋友以及工作夥伴。這種觀念即便套用到透過最新科技所研發的器物——機器人身上，也同樣沒有例外。

十六世紀中期的〈百鬼夜行繪卷〉當中描繪了如唐傘、古琴、和服等日常生活中經常使用的物件，竟宛如生物一般聲勢浩蕩地列隊前行。像是懸掛在衣桁上的袴褲試圖加入遊行而扭動身軀逐漸滑落的姿態，以及原本應該擺置於室內的古琴也長出了腳並蠢蠢欲動的樣貌雖然有些詭異，卻也充滿幽默的意趣，讓人感受到畫家的玩心。之所以描繪出如此奇異的遊行情境，其實同樣與認為這些事物具

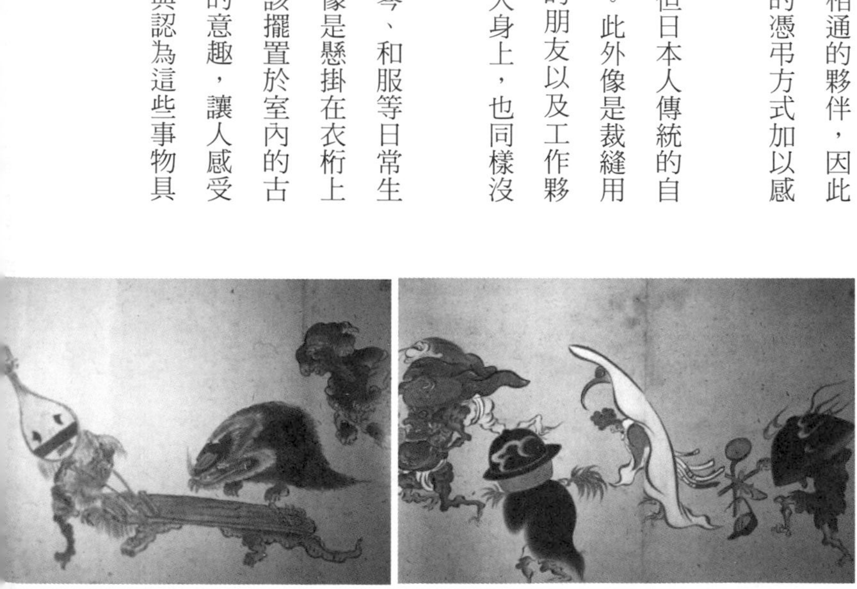

〈百鬼夜行繪卷〉（局部），江戶時代，東京國立博物館藏

有意志與情感的思想有關。除此之外在江戶時代，還有將豆腐擬人化的奇妙妖怪「豆腐小僧」等等，都是西歐繪畫的歷史當中不太可能找到的例子。在由造物主所形塑的世界裡，人類與其他的被創造物有著明顯的區別，「死亡的自然」終究是不具生命之物。

萬物有靈論與先進技術的共存

馬德里的普拉多美術館裡，收藏著荷蘭藝術家波希（Hieronymus Bosch）三聯式的祭壇畫〈人間樂園〉（*The Garden of Earthly Delights*），右側部分所描繪的淒慘地獄圖當中由於有豎琴、喇叭等樂器登場，因此這個部分也被稱為「音樂地獄」，但這裡實在不可能存在著優雅的音樂。圖中的樂器是用來懲罰落入地獄的罪人們所使用的刑具，這般不相稱的用途更加強化了地獄的恐怖與壓迫感。事實上，在巨大豎琴的絃上被處以磔刑的罪人身影，便充分說明了波希讓人驚異連連的想像力；只不過豎琴並非出於自我意志懲罰罪人，僅止於受到操控的器具而已。

同樣地，包括西班牙畫家哥雅（Francisco José de Goya）的版畫在內，許多繪畫作品或故事中都會提到騎乘掃帚在空中飛翔的魔女。然而這並不是因為掃帚本身具有任何神力，而是因為魔女擁有魔法，要是少了魔女的存在，掃帚就不過是平凡無奇的物體而已。即便有朝一日掃帚能像〈百鬼夜行繪卷〉的唐傘、古琴一樣，不須借助魔女的力量便能獨自行走或飛翔，西洋人也肯定不會認為「掃帚與人類同樣具有生命力」，而是堅持「魔女的法力轉移到掃帚身上」並有所忌諱。先前提到義大利勞工對於機器人抱持著「心理上的抵抗」，其實與這種忌諱、迴避的情感十分相似。

不只動植物，連無機質的日常事物都視為具有生命力的日本人，我們將這種自然觀稱之為「萬物有靈論」。其實在遙遠的古代，這是許多民族共通的特質，但隨

波希〈人間樂園〉右側版面及局部放大圖（豎琴部分），1490～1510年，普拉多美術館藏

著文明的進步日漸被打破，最終慢慢消失。日本文化的特色之一，便是延續至現代的「萬物有靈的世界觀」，而且能與最先進的技術毫無矛盾地共存。實際上，負責開發機器人的日本研究人員除了研究分擔人類工作的產業用機器人，也致力於研發能夠讓人產生移情作用（例如索尼的AIBO便是最具代表性的範例）、甚至是與人類心靈相通的機器人。

正如恰佩克的想像力所創造出來的「機器人」原本在捷克文裡面有「強制勞動」（Robota）的意思，西歐所認知的機器人是代替人類接下辛苦、討人厭工作的存在；因此，一旦機器人覺醒並擁有自我意志，就會像是史丹利・庫柏力克執導的〈2001太空漫遊〉裡頭的人工智慧電腦HAL9000，或是〈駭客任務〉裡的人造人，產生與人類敵對的意識與行動。然而，日本人想像中的機器人卻多半類似原子小金剛或哆啦A夢，是與人類極親近的存在。試圖實際創造出哆啦A夢機器人的日本萬代公司所提出之「哆啦A夢計畫」的負責人表示，他們的目標在於「創造出不只會動，還能與人類相互溝通，可以作為朋友安心相處的機器人」。把機器人視為人類的好夥伴，對日本人而言已是理所當然的前提。

透過機關人偶傳承下來的技術遺產

當然，實際上要創造出機器人除了對機械抱持好感，也需要具備高度精湛的技術。日本自明治時代以降汲取西歐的技術文明，迅速達成國家的近代化，其成功背後其實存在著江戶時代以來所蓄積的技術遺產。十六世紀中期，日本人隨即接納了西歐世界傳入的槍械砲彈，並且自行研發生產，成為十六世紀末少數的槍砲大國。這個事實不僅反映出日本人對於嶄新事物的好奇心，也說明了日本擁有極高的技術水準。

與此同時，以西洋的時鐘為範本所研發出的精巧時鐘也在日本誕生了。而且，日本甚至運用不定時法發明了獨一無二的和式時鐘。所謂的不定時法，是以日出到日落之間的白晝長度作為時間的基本單位，因此會依據季節有所變化，日夜的長度當然也有差異。具體來說，如此一來就必須改變時鐘在白天與黑夜運轉的速度，而能夠自動轉換速度的和式時鐘，可以說是達到了令人訝異的技術水平。

後來這個精妙的技術被應用在娛樂領域，打造出堪稱江戶時代機器人的「機關人偶」。現在日本各地仍有不少機關人偶的實際例子，這種人偶在江戶時代相當受到歡迎，十八世紀末甚至出版了詳細圖解機關人偶的專門書籍。例如最廣為人知的「奉茶人偶」只要將茶碗置於人偶手上的茶托，就會自動朝賓客的方向移動，待客人拿起茶碗後立刻靜止不動；當賓客再度將茶碗放回茶托時，人偶會轉身一百八十度回到主人所在的位置，相當於內建了自動控制裝置的逗趣機器人。

有趣的是，十八世紀的西歐也是自動人偶發展的鼎盛期。例如賈奎茲·迪·沃康松（Jacquesde Vaucanson）所設計的「自動吹笛人偶」雖然現在已經不復存在，但據說靠著手指與口舌微妙的動作變化，可以演奏出十二首不同的歌曲。無論歐洲還是日本，都不約而同地在同一時期發展出可謂機器人原型的自動人偶。不過兩者也存在些許差異，例如沃康松的「自動吹笛人偶」是以鋼鐵的發條、齒輪作為元件，日本的機關人偶則採用鯨魚的顎鬚製作發條，齒輪及其他元件是以木頭或竹子為材料，幾乎都使用了自然的素材，由此也能窺見屬於日本的特色。

其後到了幕末時代，以「機關裝置儀右衛門」之名為人所知的田中久重製作出「弓曳童子」等自動人偶，童子自動取箭，轉頭瞄準射箭且笑容滿面的模樣，令好奇圍觀的民眾又驚又喜。田中久重於明治維新後創立的「田中製作所」正是今日東芝的前身，將江戶時代的技術脈絡延續至今。如此高水準的科技遺產，以及將器具、機械視為人類夥伴的萬物有靈之世界觀，當兩者幸福地交互融合，便建構出當代日本機器人的美麗新世界。

（二〇〇三年）

※本文原以法文撰寫，並由作者自行翻譯成日文。

作為世界文化遺產的富士山

二〇一三年，聯合國教科文組織UNESCO正式將富士山列入世界遺產，而且是以「文化遺產」的資格獲得認同，引發熱烈討論。將不假人類之手、具有原始樣貌的自然認定為一種文化，據說對教科文組織的委員們而言也是破天荒的決議。起初日本以文化遺產的資格進行申請時提出的名稱只單純設定為「富士山」，之後世界遺產委員會的諮詢機構ICOMOS（國際文化紀念物與歷史遺蹟委員會）前往日本進行實地調查，提議將原本的名稱改為「富士山——信仰的對象與藝術的泉源」，最終也以此獲得承認。無論是自然遺產還是文化遺產，要受到認定成為世界遺產最基本的條件，必須具備獨一無二的特殊性，同時擁有顯著的普世價值；因此，富士山被認定為世界遺產可以說重新印證日本人與富士山緊密結合的信仰形態與藝術創造，其精神性與美的感性皆為日本獨有，同時也是全人類共有的文化遺產。

其實，從遙遠的《萬葉集》的年代開始，便有山部赤人以詩歌讚頌富士山：「自從天與地分隔，富士山便成為崇高莊嚴的神山……」其高聳入雲霄的山頂、優美綿長的山麓造就了秀麗的山容，喚起人們的讚嘆與敬畏；仙女從天而降、婆娑起舞，神龍長年棲息，孕育了聖山的堅定信仰。同樣收錄於《萬葉集》的高橋蟲麻呂的長歌，則歌詠著：「富士山有著神靈鎮守，帶來日本大和之國的平安康泰……」可見富士山被視為崇高聖潔的神祇。

富士山同時也是時而噴煙、時而吐火的活火山，因此更添增了聖山的神祕色彩。平安時代《更級日記》的作者曾描述與父親從東國前往京都的路途，從近距離觀看富士山時深受感動，讚嘆「富士山的樣貌，彷彿不是這個凡俗世間所能見到的光景」，並提及「傍晚可以見到燃燒熾烈的火焰」。這個火焰於是作為「御神火」備受尊崇，進而創建了供奉火神的淺間神社。

中世末期以降，隨著富士信仰的普及，以參拜富士山為目的的登山人數大增，因而有不少兼具導覽與宣傳性質的「參詣曼荼羅」畫作問世。雖說是登山，但目的並不是登高，而是一種「參詣」——也就是參拜——的信仰行為。現今富士山本宮淺間大社所收藏的〈富士參詣曼荼羅〉出自室町時代後期，畫面下方描繪了包括三保松原在內的富士山麓風景，上方的天空有著太陽與月亮的輝映，以及凌駕於日月之上高聳屹立的富士山；此外，山腳下淺間大社境內可見齋戒沐浴、以清淨之身穿戴白裝束的參拜信徒列隊沿著山路登頂的詳盡描繪，值得細細玩味。畫面最上端的山頂三峰有著三尊佛像，說明了富士山也是佛教的聖地。其實，在明治初年神佛分離令頒布之前，富士山亦有祭拜大日如來佛的寺廟，與神社共存共榮。不只是富士山，在神社境內興建佛教寺院各自奉祀神佛的情況當時在日本各地十分普遍，個人的家中同時設有神棚與佛壇也一點都不稀奇。這種信仰形態與西歐嚴格禁止崇拜異教神靈的戒律截然不同，充分展現了日本的獨特性。無論是神話的世界、佛教的教義或者民間信仰，悠然聳立的富士山都能毫無區別地加以包容，可說是完全體現了日本人信仰的多元面貌。

而富士山在文學、美術、工藝、演劇等藝術領域成為多數名作的靈感來源，也印證了它所蘊含的文化價值。

在和歌的世界裡，雖然早從《萬葉集》便已收錄了如山部赤人、高橋蟲麻呂等人吟詠富士山的作品，但即便到了現代，歌人們或是禮讚富士之美，或是寄予富士表達心緒，作品依然多不勝數。舉例來說，西行法師晚年有一首佳句：

富士的噴煙隨風飄散，消逝在空中。我的思念也彷若煙塵，不知行向何方。

在此西行並非懷抱敬畏之心仰望富士，而是視之為能夠反映自身心境、寄託情感的富士。類似的情感表現也出現在漂泊一生的近代憂愁歌人若山牧水的作品中：

富士啊！請寬恕我，今宵不知何故，仰望著巍巍聖嶽，淚水卻不禁瀉流。

同樣地，俳句詩人們也留下許多以富士為題的名句。畫家與謝蕪村曾描繪在大片松林之上莊嚴屹立的富士山作品〈富嶽列松圖〉，他曾留下這樣的佳句：

富士山幾乎全數被新綠嫩葉埋覆，只露出些微的雪白山頭。

蕪村的詩句好比有著明亮色彩的繪畫世界，而繼承了這番晴朗色彩表現並營造出清爽摩登印象的，是水原秋櫻子在富士見高原的名句，令人難以忘懷：

青富士巍然而立，白樺樹亦綠葉叢生。

此外，有「物語之祖」之稱的《竹取物語》，或是《伊勢物語》、《曾我物語》等許多故事、傳說、小說都以各種形式將富士作為主題，或是透過插圖呈現在繪畫、工藝之上，甚至在能劇、歌舞伎等舞台藝術中也有華麗多彩的表現，由此可見富士山作為藝術的泉源居功厥偉，孕生出許多精彩的藝術創作。

在繪畫方面，現存最古老的富士圖為收藏於法隆寺寶物館（東京國立博物館）的〈聖德太子繪傳〉。這件畫作創作於十一世紀中期，描繪了太子騎乘甲斐的黑駒穿越富士山的傳說。此後以畫聖雪舟為首，將富士靈峰作為題材揮灑畫筆的畫家多如繁星。尤其在江戶時代，以北齋、廣重為代表的浮世繪享有絕高人氣，使得富士山的形象更加深植人心。正如眾人所知，北齋的〈富嶽三十六景〉、廣重的〈名所江戶百景〉等系列甚至於十九世紀後半飄洋過海傳入歐洲，為惠斯勒、莫內、梵谷、波納爾等畫家帶來深遠的影響，掀起所謂的「日本主義」風潮。其實不只是畫家，雕刻家卡蜜兒．克勞岱（Camille Claudel）也深受〈富嶽三十六景〉系列之一的〈神奈川沖浪裏〉所啟發，創作了名為〈巨浪〉的作品；音樂家德布西（Achille-Claude Debussy）創作交響詩〈海〉之際，房間裡便掛著〈神奈川沖浪裏〉的複製畫，且〈海〉的樂譜初版封面，亦是運用了北齋的海浪加以設計。

不僅如此，或許可以說是藝術的力量吧，其實早在「日本主義」盛行之前，包括日本主要與中國大陸交流的時代，日本美術就扮演了將日本獨特的洗鍊之美傳至海外的角色，特別是透過富士山的圖像，孕育了人們對於這個國家的憧憬與

右圖・秦致貞〈聖德太子繪傳〉，1069年，東京國立博物館藏。左側為局部放大圖

下圖・傳・雪舟〈富士清見寺圖〉，16世紀，永青文庫藏

嚮往。例如東京永青文庫有一幅相傳由雪舟所作的水墨畫〈富士清見寺圖〉，歷史悠久的名剎清見寺與三保松原被分別配置在橫長畫面的左右兩側，其上靠近中央偏左的位置則描繪出雪白光輝的富士山，如此出色的構圖日後也成為許多畫家參考的範本。但耐人尋味的是畫面上還記有明代文人詹仲和的贊文，描述有朝一日將橫渡日本仰望富士靈峰，並前往三保松原竊取天女的羽衣[1]。

除此之外，二十世紀法國女性舞蹈家伊蓮娜．朱格拉里（HélèneGiug-laris）深深著迷於日本的能劇，自第二次世界大戰期間便全神投注於日本能樂的研究。戰後，她在吉美國立亞洲藝術博物館（Musée national des Arts asiatiques-Guimet）上演了能劇〈羽衣〉，令評論家們讚不絕口。伊蓮娜深切盼望有一天能在三保松原表演〈羽衣〉，但遺憾的是她在不久之後於演出天女翩翩起舞、漸行漸遠的橋段時倒下，結束了三十五年的短暫生涯，據說罹患的是白血病。如今在三保松原，還能看到紀念伊蓮娜的丈夫將她的遺髮帶到日本而建立的「羽衣之碑」。富士山不僅是「信仰的對象」，同時也是「藝術的泉源」，實則不愧於世界文化遺產的美名。

（二〇一三年）

1 譯注：〈富士清見寺圖〉中，明代文人詹仲和落筆的贊文如下：「巨嶂稜層鎮海涯，扶桑堪稱上天梯。岩寒六月常留雪，勢似青蓮直過氐。名剎雲連清建古，虛堂塵遠老禪棲，乘風吾欲東遊去，特到松原竊羽衣。」

後記

I　文字表現與視覺意象——日本人的審美意識

本章收錄的文字為二〇一四年四月受靜岡縣知事之託，為該縣幹部、職員所進行的演講紀錄，但圖像的部分多數省略。

II　日本的美與西洋的美

〈東方與西方的邂逅——日本與西洋繪畫中關於表現樣式的諸問題〉發表於一九九一年九月，是於國際美術史學會東京會議「美術史中的日本與西洋」所進行的主題演講，當時以英文進行演說。

〈和製油畫論〉為刊載於美術雜誌《國華》一三八二號的論文。〈感性與情念——支撐「和製油畫」的要素〉為刊載於二〇〇三年十二月至翌年二月於大原美術館舉辦之「和製油畫——創造的軌跡」展覽圖錄中的論文。「和製油畫」用語於此時首度登場。

〈栖鳳藝術裡所蘊含的西歐與日本〉為二〇一四年十一月至十二月於看得見海之杜美術館舉辦之「誕生150年紀念　竹內栖鳳」展覽圖錄中收錄之文章。

III　日本人的審美意識從何而來

〈圖像與文字〉、〈漢字與日語〉、〈餘白的美學〉、〈觀光景點明信片〉、〈沒有被全盤接納的雅樂〉、〈實體之美與情境之美〉、〈大觀與富士山〉、〈「流轉之春」的去向〉、〈唱歌與音樂教育〉、〈傳統主義者福澤諭吉〉、〈寄予白梅的情思〉、〈龍、虎以及美術館〉、〈詮釋將改變作品的形貌〉、〈作為創作行為的解讀與詮釋〉、〈閃爍耀眼的朦朧體〉、〈旅行的東與西〉、〈作為世界文化遺產的富士山〉等文章分別刊載於雜誌《アステイオン》（*Athteion*）與《大航海》。此外，〈襲名的文化〉首次刊登於《京都新聞》，〈日本人與橋〉則於《文藝春秋》刊行。

〈東京車站與旅行文化〉，為二〇一一年《東京站丸之內車站廳舍 保存・復原》紀錄集當中所刊行之論文。

〈機器人與日本文化〉刊載於「大機器人展」圖錄，這是巴黎日本文化會館於二〇〇三年十月所舉辦的展覽，原文以法文撰寫。

在此特別向各機關、設施、媒體表達謝意，感謝提供發表的舞台與機會。此外亦向刊行本書的筑摩書房，特別是負責編輯的大山悅子小姐表達由衷的感謝。

二〇一五年八月

高階秀爾

初出一覽表

I

〈文字表現與視覺意象——日本人的審美意識〉：將二〇一四年靜岡縣的演講紀錄大幅修訂後之文章

II

〈東方與西方的邂逅——日本與西洋繪畫中關於表現樣式的諸問題〉：《美術史中的日本與西洋 國際美術史學會東京會議 1991》，中央公論美術出版，一九九五年收錄

〈和製油畫論〉：《國華》一三八二號，二〇一〇年十二月二十日，朝日新聞出版

〈感性與情念——支撐「和製油畫」的要素〉：大原美術館・金刀比羅宮 第1回文化交流展「和製油畫——創造的軌跡」展覽圖錄，二〇〇三年

〈栖鳳藝術裡所蘊含的西歐與日本〉：看得見海之杜美術館「生誕 150 年紀念 竹內

栖鳳」展覽圖錄，二〇一四年

III

〈圖像與文字〉：《アステイオン》六十一號，二〇〇四年十一月二十五日，三得利文化財團，アステイオン編輯委員會

〈漢字與日語〉：《アステイオン》六十二號，二〇〇五年四月二十九日

〈襲名的文化〉：《京都新聞》二〇〇五年十月三十一日夕刊，「現代的言論」

〈餘白的美學〉：《アステイオン》六十四號，二〇〇六年五月一日

〈觀光景點明信片〉：《アステイオン》六十五號，二〇〇六年十一月一日

〈沒有被全盤接納的雅樂〉：《大航海》六十三號，二〇〇七年七月

〈實體之美與情境之美〉：《アステイオン》六十七號，二〇〇七年十一月二十九日

〈大觀與富士山〉：《アステイオン》六十八號，二〇〇八年四月二十六日

〈「流轉之春」的去向〉：《アステイオン》六十九號，二〇〇八年十月二十四日

〈唱歌與音樂教育〉：《大航海》六十九號，二〇〇九年一月

〈傳統主義者福澤諭吉〉：《アステイオン》七十號，二〇〇九年四月二十四日

〈寄予白梅的情思〉：《アステイオン》七十二號，二〇一〇年四月二十八日
〈龍、虎以及美術館〉：《アステイオン》七十三號，二〇一〇年十月二十九日
〈詮釋將改變作品的形貌〉：《アステイオン》七十四號，二〇一一年四月二十八日
〈作為創作行為的解讀與詮釋〉：《アステイオン》七十五號，二〇一一年十月二十八日
〈日本人與橋〉：《文藝春秋》一九九八年九月特別號，文藝春秋
〈閃爍耀眼的朦朧體〉：《アステイオン》八十一號，二〇一四年十一月十三日
〈旅行的東與西〉：《アステイオン》七十六號，二〇一二年五月十一日
〈東京車站與旅行文化〉：「東京站丸之內車站廳舍 保存・復原」展覽圖錄，二〇一二年
〈機器人與日本文化〉：日本文化會館（巴黎）「大機器人展」圖錄，二〇〇三年
〈作為世界文化遺產的富士山〉：《アステイオン》七十九號，二〇一三年十一月二十一日

遠足人文

五十堂國寶級美學課

日本藝術史權威高階秀爾帶你遨遊東洋美術世界

日本人にとって美しさとは何か

作　　者── 高階秀爾
譯　　者── 鄭夙恩
特約編輯── 徐昉驊
主　　編── 林蔚儒
總 編 輯── 李進文
執 行 長── 陳蕙慧

行銷總監── 陳雅雯
行銷企劃── 尹子麟、余一霞
封面設計── 謝捲子
內文排版── 簡單瑛設

社　　長── 郭重興
發行人兼出版總監── 曾大福
出 版 者── 遠足文化事業股份有限公司
地　　址── 231 新北市新店區民權路 108-2 號 9 樓
電　　話── (02) 2218-1417
傳　　真── (02) 2218-0727
客服信箱── service@bookrep.com.tw
郵撥帳號── 19504465
客服專線── 0800-221-029
網　　址── https://www.bookrep.com.tw
臉書專頁── https://www.facebook.com/WalkersCulturalNo.1
法律顧問── 華洋法律事務所　蘇文生律師
印　　製── 呈靖彩藝有限公司
定　　價── 新台幣 400 元

初版一刷　西元 2020 年 06 月
Printed in Taiwan

NIHONJINNI TOTTE UTSUKUSHISATOWA NANIKA

國家圖書館出版品預行編目資料

五十堂國寶級美學課 : 日本藝術史權威高階秀爾帶你遨遊東洋美術世界 / 高階秀爾著；鄭夙恩譯 .
-- 初版 . -- 新北市 : 遠足文化 , 2020.06
面；　公分 . --（遠足人文）
ISBN 978-986-508-065-5（平裝）

1. 審美 2. 藝術評論 3. 日本

180　　109005842